Johann Gottfried Herder

Auch eine Philosophie der Geschichte zur Bildung der Menschheit

Beitrag zu vielen Beiträgen des Jahrhunderts

Johann Gottfried Herder

Auch eine Philosophie der Geschichte zur Bildung der Menschheit
Beitrag zu vielen Beiträgen des Jahrhunderts

ISBN/EAN: 9783743480131

Hergestellt in Europa, USA, Kanada, Australien, Japan

Cover: Foto ©ninafisch / pixelio.de

Weitere Bücher finden Sie auf **www.hansebooks.com**

Auch
eine Philosophie
der Geschichte
zur
Bildung der Menschheit.

Beytrag
zu vielen Beyträgen des Jahrhunderts.

Ταρασσει της ανθρωπης η τα πραγματα, αλλα τα περι των πραγματων δογματα —

1774.

Philosophie der Geschichte
zur
Bildung der Menschheit.[1]

Erster Abschnitt.

Je weiter hin es sich in Untersuchung der ältsten Weltgeschichte, ihrer Völkerwandrungen, Sprachen, Sitten, Erfindungen, und Traditionen aufklärt:*) desto wahrscheinlicher wird mit jeder neuen Entdeckung auch der Ursprung des ganzen Geschlechts von Einem. Man nähert sich immer mehr dem glücklichen Klima, wo Ein Menschenpaar unter den mildesten Einflüßen der schaffenden Vorsehung, unter Beistande der erleichterndsten Fügungen rings um sich her, den Faden anspann, der sich nachher mit solchen Wirrungen weit und lang fortgezogen: wo also auch alle erste Zufälle für Anstalten einer Mütterlichen Vorsehung gelten können, einen zarten Doppelkeim des ganzen Geschlechts mit alle der Wahl und Vorsicht zu entwickeln, die wir immer dem Schöpfer einer so edeln Gattung und seinem Blick auf Jahrtausend[2] und Ewigkeit hinaus zutrauen müssen.

Natürlich, daß diese erste Entwickelungen so simpel, zart und wunderbar waren, wie wir sie in allen Hervorbringungen der Natur sehen. Der Keim fällt in die Erde und erstirbt: der Embryon wird im Verborgnen gebildet, wie's kaum die Brille des

---

*) Neueste historische Untersuchungen und Reisen in Asien.
1) s. den Anhang.
2) Jahrtausende (?) — a: auf Jahrhunderte

Philosophen a priori gutheißen würde, und tritt ganz gebildet hervor: die Geschichte der frühesten Entwicklungen des Menschlichen Geschlechts, wie sie uns das älteste Buch beschreibt, mag also so kurz und **apokryphisch** klingen, daß wir vor dem Philosophischen Geist unsres Jahrhunderts, der nichts mehr als Wunderbares und Verborgnes haßet, damit zu erscheinen erblöden: eben deswegen ist sie wahr. Nur Eins also angemerkt. Scheint nicht selbst für das Maulwurfsauge dieses lichtesten Jahrhunderts doch ein längeres Leben, eine stiller und zusammenhangender würkende Natur, kurz eine Heldenzeit des Patriarchenalters dazu zu gehören, die erste Formen des Menschengeschlechts, welche es auch seyen? den Stammvätern aller Nachkommenschaft ein- und für die Ewigkeit anzubilden? Wir laufen jetzt nur vorüber, und durch die Welt her; Schatten auf Erden! Alles Gute und Böse, was wir mitbringen, (und wir bringen wenig mit, weil wir alles hier erst empfangen) haben wir meist auch das Schicksal wieder mit zu nehmen: unsre Jahre, Lebensläufe, Vorbilder, Unternehmungen, Eindrücke, die Summe unsrer Hinwürkung auf Erden, ist Kraftloser Traum Einer Nachtwache — Geschwätz! — Du läßest sie dahin fahren u. s. w. So wie das nun bei dem großen Vorrath von Kräften und Fertigkeiten,[1] den wir entwickelt vor uns finden, bei dem schnellern Lauf unsrer Säfte und Regungen, Lebensalter und Gedankenplane, wo Eins das Andre, wie eine Wasserblase die andre zu verfolgen und zu zerstöhren eilt, bei dem so oft mishelligen Verhältniß zwischen Kraft und Besonnenheit, Fähigkeit und Klugheit, Anlage und gutem Herzen, die ein Jahrhundert des Verfalls immer bezeichnen — wies bei dem allen Absicht und abwägende Weisheit scheint, eine große Maße Kindischer Kräfte durch kurze, Kraftlose Dauer des Lebensspiels zu mäßigen und zu sichern: gehörte nicht auch allein jenes erste, stille, ewige Baum- und

---

1) A: **Fähigkeiten** — verbessert aus a: bei den großen Kräften, die jetzt schon entwickelt sind, bei dem ungeheuren Zuwachs von Fertigkeiten den wir jetzt in Händen haben, (vgl. S. 505₄₀).

Patriarchenleben dazu, um die Menschheit in ersten[1] Neigungen, Sitten und Einrichtungen zu wurzeln und zu gründen?

Was waren diese Neigungen? Was sollten sie seyn? Die natürlichsten, stärksten, einfachsten! für alle Jahrhunderte der Menschenbildung die ewige Grundlage: Weisheit statt Wißenschaft, Gottesfurcht statt Weisheit, Eltern-Gatten-Kindesliebe statt Flüchtigkeit und Ausschweifung, Ordnung des Lebens, Herrschaft und Gottregentschaft eines Hauses, das Urbild aller Bürgerlichen Ordnung und Einrichtung — in diesem allen der einfachste Genuß der Menschheit, aber zugleich der tiefste — wie konnte[2] das Alles, ich will nicht fragen, erbildet, nur angebildet, fortgebildet werden, als — durch jene stille ewige Macht des Vorbilds, und einer Reihe Vorbilde[3] mit ihrer Herrschaft um sich her? Nach unserm Lebensmaaße wäre jede Erfindung hundertfach verlohren gangen; wie Wahn entsprungen und wie Wahn entflohen — welcher Unmündige sollte sie annehmen? welcher zu bald wieder Unmündige sie anzunehmen zwingen? Es zerfielen also die ersten Bande der Menschheit im Ursprung, oder vielmehr damals so dünne kurze Faden, wie hätten sie je die starke Bande werden können, ohne die selbst nach Jahrtausenden der Bildung das Menschliche Geschlecht durch bloße Schwächung noch immer zerfällt? — Nein! mit hohem Schauer[4] stehe ich dort vor der heiligen Ceder eines Stammvaters der Welt! Ringsum schon hundert junge blühende Bäume, ein schöner Wald der Nachwelt und Verewigung! aber siehe! die alte Ceder blüht noch fort, hat ihre Wurzeln weit umher und trägt den ganzen jungen Wald mit Saft und Kraft aus der Wurzel. Wo der Altvater[5] auch seine Kenntniße, Neigungen, und Sitten her habe? was und wie wenig diese auch seyn mögen? ringsum hat sich schon eine Welt und Nachwelt zu diesen Neigungen und Sitten, blos durch die stille, kräftige, ewige Anschauung

---

1) a: in ihren ersten 2) „konnte" fehlt in A.
3) a: Reihe einiger solchen Vorbilde
4) c (Herder's Lebensbild I 3,1 S. 586) und a: Schauder
5) „Altvater" auch in b; a: Greisvater

seines Gottesbeispiels gebildet und vestgebildet! zwei Jahrtausende waren nur zwo Generationen.

———

Indeß auch von diesen Heroischen Anfängen der Bildung Menschlichen Geschlechts weggesehen: nach den bloßen Trümmern der weltlichen Geschichte und nach dem flüchtigsten Raisonnement über dieselbe à la Voltaire — welche Zustände können erdacht werden, erste Neigungen des Menschlichen Herzens hervorzulocken, zu bilden, und vestzubilden, als die wir schon in den Traditionen unsrer ältesten Geschichte würklich angewandt finden? Das Hirtenleben im schönsten Klima der Welt, wo die freiwillige Natur den einfachsten Bedürfnißen so zuvor oder zu Hülfe kommt, die ruhige und zugleich wandernde Lebensart der väterlichen Patriarchenhütte, mit allem, was sie giebt und dem Auge entziehet, der damalige Kreis Menschlicher Bedürfniße, Beschäftigungen und Vergnügen, nebst allem, was nach Fabel oder Geschichte dazu kam, diese Beschäftigungen und Vergnügen zu lenken — man denke sich alles in sein natürliches, lebendiges Licht — welch ein erwählter Garten Gottes zur Erziehung der ersten, zartesten Menschengewächse! Sieh diesen Mann voll Kraft und Gefühl Gottes, aber so innig und ruhig fühlend, als hier der Saft im Baume treibt, als der Instinkt, der tausendartig dort unter Geschöpfe vertheilt, der in jedem Geschöpfe einzeln so gewaltig treibet,[1] als dieser in ihn gesammlete stille, gesunde Naturtrieb nur würken kann! Die ganze Welt ringsum, voll Segen Gottes: eine große, muthige Familie des Allvaters:[2] diese Welt sein täglicher Anblick: an sie mit Bedürfniß und Genuße geheftet: gegen sie mit Arbeit, Vorsicht und mildem Schutze strebend — unter diesem Himmel, in diesem E

---

1) a: als hier der Saft im Baume treibt, und dort der Instinkt tausendartig unter Gattung Geschöpfe vertheilt ist. — Die Herstellung von r ist unsicher, vielleicht: als dort der Instinkt, tausendartig unter Geschöpfe vertheilt, in jedem Geschöpfe . . . treibet,

2) „Allvaters" auch in c und a (vgl. S. 479⁵).

mente Lebenskraft welche Gedankenform, welch ein Herz muſte ſich bilden! Groß und heiter wie die Natur! wie ſie, im ganzen Gange ſtill und muthig! langes Leben, Genuß ſein ſelbſt auf die unzergliederlichſte Weiſe, Eintheilung der Tage durch Ruhe und Ermattung, Lernen und Behalten — ſiehe das war der Patriarch für ſich allein.¹ — — Aber was für ſich allein? Der Segen Gottes durch die ganze Natur wo war er inniger, als im Bilde der Menſchheit, wie es ſich fortfühlt und fortbildet: im Weibe für ihn geſchaffen, im Sohn ſeinem Bilde ähnlich, im Gottesgeſchlecht das ringsum und nach ihm die Erde fülle.² Da war Segen Gottes ſein Segen: ſein die er regiert, ſein die³ er erzieht; ſein die Kinder und Kindeskinder um ihn ins britte und vierte Glied, die er alle mit Religion und Recht, Ordnung und Glückſeligkeit leitet. — Dies das unausgezwungene Ideal einer Patriarchenwelt, auf welches alles in der Natur trieb: außer ihm kein Zweck des Lebens, kein Moment Behaglichkeit oder Kraftanwendung zu denken — Gott! welch ein Zuſtand zu Bildung der Natur⁴ in den einfachſten, nothwendigſten, angenehmſten Neigungen! — Menſch, Mann, Weib, Vater, Mutter, Sohn, Erbe, Prieſter Gottes, Regent und Hausvater, für alle Jahrtauſend ſollt er da gebildet werden! und ewig wird, außer dem tauſendjährigen Reiche und dem Hirngespinſte der Dichter, ewig wird Patriarchengegend und Patriarchenzelt das goldne Zeitalter der Kindlichen Menſchheit bleiben.

Daß nun zu dieſer Welt von Neigungen ſelbſt Zuſtände gehören, die wir uns aus einem Betruge unſrer Zeit oft viel zu

---

1) „ſiehe — allein." ſcheint mir verſchrieben für „ſiehe das war der Patriarch für die Seinigen."

2) a (ähnlich c): als im Bilde der Menſchheit, im Geſchlechtstriebe, im väterlichen Segen auf Sohn und Nachwelt!

3) A: den

4) zu Bildung des Menſchlichen Herzens(?) — vergleiche a: glücklicher Zuſtand zu Bildung des Menſchlichen Herzens von der ſchönſten Seite.

fremde und schrecklich dichten, dörfte eine Induktion nach der
andern zeigen. — Wir haben uns einen Despotismus des Orients
aus den übertriebensten, gewaltsamsten Erscheinungen meist verfallender Reiche abgesondert, die sich mit ihm nur in ihrer letzten
Todesangst sträuben, (eben dadurch aber auch Todesangst zeigen!) —
und da man nun nach unsern Europäischen Begriffen (und vielleicht
Gefühlen) von nichts schrecklicherm als Despotismus sprechen kann:
so tröstet man sich, ihn von sich selbst ab, in Umstände zu
bringen, wo er gewiß nicht das schreckliche Ding war, das
wir uns aus unserm Zustande an ihm träumen.*) Mags
seyn, daß im Zelte des Patriarchen allein Ansehen, Vorbild,
Autorität herrschte, und daß also, nach der aufgefädelten Sprache
unsrer Politik, Furcht die Triebfeder dieses Regiments war —
laß dich doch, o Mensch, vom Worte des Fachphilosophen**)
nicht irren, sondern siehe erst, was es denn für ein Ansehen,
was für eine Furcht sey? Gibts nicht in jedem Menschenleben
ein Alter, wo wir durch trockne und kalte Vernunft nichts, aber
durch Neigung, Bildung, nach Autorität Alles lernen? wo wir
für Grübelei und Raisonnement des Guten, Wahren und Schönen
kein Ohr, keinen Sinn, keine Seele; aber für die sogenannten Vorurtheile und Eindrücke der Erziehung Alles haben — siehe!
diese sogenannte Vorurtheile, ohne Barbara celarent aufgefaßt, und
von keiner Demonstration des Naturrechts begleitet, wie stark, wie
tief, wie nützlich und ewig! — Grundsäulen alles dessen,
was später über sie gebaut werden soll, oder vielmehr schon ganz
und gar Keime, aus denen sich alles Spätere und Schwächere, es
heiße so glorwürdig als es wolle (jeder vernünftelt doch nur nach
seiner Empfindung) entwickelt — also die stärksten, ewigen, fast
Göttlichen Züge, die unser ganzes Leben beseligen oder verderben; mit denen, wenn sie uns verlaßen, uns alles verläßt — —

---

*) *Boulanger* du despotisme oriental: *Voltaire* phil. de l'histoir.
de la Tolerance etc. *Helvet.* de l'Esprit Disc. III etc. etc.

**) Montesquieu's Schaaren Nachfolger und imitatorum servum p-

Und siehe, was jedem einzelnen Menschen in seiner Kindheit unumgänglich noth ist: dem ganzen Menschengeschlecht in seiner Kindheit gewiß nicht weniger. Was du Despotismus in seinem zartesten Keime nennest, und eigentlich nur Vaterautorität war, Haus und Hütte zu regieren — siehe wies Dinge ausrichtete, die du jetzt mit alle deiner kalten Philosophie des Jahrhunderts wohl unterlaßen müßtest! wies das, was Recht und Gut war, oder wenigstens so dünkte, zwar nicht demonstrirte, aber dafür in ewige Formen vestschlug, mit einem Glanze von Gottheit und Vaterliebe, mit einer süßen Schlaube früher Gewohnheit, und allem Lebendigen der Kindesideen aus seiner Welt, mit allem ersten Genuß der Menschheit in Ein Andenken zauberte, dem Nichts, nichts auf der Welt zu gleichen. Wie nothwendig! wie gut! fürs ganze Geschlecht wie nützlich! da wurden Grundsteine gelegt, die auf andre Art nicht gelegt werden konnten, nicht so leicht und tief gelegt werden konnten — sie liegen! Jahrhunderte haben drüber gebaut, Stürme von Weltalter haben sie, wie den Fuß der Pyramiden mit Sandwüsten überschwemmet, aber nicht zu erschüttern vermocht — sie liegen noch! und glücklich, da alles auf ihnen ruht.[1]

Morgenland, du hiezu recht auserwählter Boden Gottes! Die zarte Empfindlichkeit dieser Gegenden, mit der raschen, fliegenden Einbildung, die so gern alles in Göttlichen Glanz kleidet: Ehrfurcht vor Allem, was Macht, Ansehn, Weisheit, Kraft, Fußstapfe Gottes ist, und so dann gleich Kindliche Ergebung, die sich ihnen natürlich, uns Europäern unbegreiflich, mit dem Gefühl von Ehrfurcht mischet: der wehrlose, zerstreute, Ruheliebende, Heerdenähnliche Zustand des Hirtenlebens, das sich auf einer Ebne Gottes milde und ohn Anstrengung ausleben will — alle das, mehr und weniger von Umständen unterstützt, freilich hats in der spätern Folge auch dem Despotismus der Eroberer volle Materialien geliefert, so volle Materialien, daß Despotismus viel-

---

1) s. den Anhang.

leicht ewig in Orient seyn wird, und noch kein Despotismus in
Orient durch fremde äußere Kräfte gestürzt worden: er muße
nur immer, weil ihm nichts entgegenstand, und er sich uner-
mäßlich ausbreitete, allein durch eigne Last zerfallen. Allerdings hat dieser Despotismus auch oft die schrecklichsten Würkungen
hervorgebracht, und wie der Philosoph sagen wird, die schrecklichste
von allen, daß kein Morgenländer, als solcher, noch kaum von
einer Menschlichen, beßern Verfaßung, innigen Begrif
haben kann. — Aber alle das später dahingestellt, und zugegeben:
Anfangs unter der milden Vaterregierung war nicht eben der
Morgenländer mit seinem zarten Kindessinne der glücklichste
und folgsamste Lehrling? Alles ward als Muttermilch und
väterlicher Wein gekostet! Alles in Kindesherzen aufbewahrt und
da mit dem Siegel Göttlicher Autorität versiegelt! der Menschliche Geist bekam die erste Formen von Weisheit und Tugend mit
einer Einfalt, Stärke und Hoheit, die nun — gerade heraus-
gesagt — in unsrer Philosophischen, kalten Europäischen Welt wohl
nichts, gar nichts ihres gleichen hat. Und eben weil wir so un-
fähig sind, sie mehr zu verstehen! zu fühlen! geschweige denn
zu genießen — so spotten wir, läugnen und mißdeuten!
der beste Beweis!

Ohne Zweifel gehörte[1] hiezu auch Religion, oder vielmehr
war Religion „das Element, in dem das alles lebt' und
webte." Auch von allem Göttlichen Eindruck bei Schöpfung
und frühester Pflege des Menschengeschlechts, (dem Ganzen so
nöthig, als jedem einzelnen Kinde nach seiner Geburt, Pflege der
Eltern) von alle dem auch den Blick entfernt, wenn Greis, Vater,
König so natürlich Gottes Stelle vertrat, und sich eben so natürlich der Gehorsam unter Väterlichen Willen, das Ankleben
an alte Gewohnheit, und die Ehrfurchtvolle Ergebung in
den Wink des Obern, der das Andenken alter Zeiten hatte,*)

---

*) Montesq. espr. l. 24. 25.

1) A: gehört (gebessert aus a)

mit einer Art von kindlichem Religionsgefühl mischet — mustens denn, wie wir aus dem Geist und Herzen unsrer Zeit so sicher wähnen,*) nichts anders als Betrüger und Bösewichter seyn, die dergleichen Ideen aufbrangen, arglistig erdichtet hatten, und argwüterisch mißbrauchten? Mags seyn, daß dergleichen Religionsgefühl, als Element unsrer Handlungen, für unsern Philosophischen Welttheil, für unsre gebildete Zeit, für unsre freidenkende Verfaßung von innen und außen äußerst schändlich und schädlich wäre¹ (ich glaube, sie ist, was noch mehr ist, leider! für ihn gar unmöglich) laß es seyn, daß die Boten Gottes, wenn sie jetzt erschienen, Betrüger und Bösewichter wären: siehst du nicht, daß es mit dem dortigen Geist der Zeit, des Landes, der Stufe des Menschengeschlechts ganz anders ist? Blos schon die älteste Philosophie und Regierungsform hat so natürlich in allen Ländern ursprünglich Theologie seyn müssen! — — Der Mensch staunt alles an, ehe er sieht: kommt nur durch Verwunderung zur hellen Idee des Wahren und Schönen; nur durch Ergebung und Gehorsam zum ersten Besitz des Guten — so gewiß auch das Menschliche Geschlecht. Hast du je einem Kinde aus der Philosophischen Grammatik Sprache beigebracht? aus der abgezogensten Theorie der Bewegung es gehn gelernt?² hat ihm die leichteste oder schwereste Pflicht aus einer Demonstration der Sittenlehre begreiflich gemacht werden müßen? und dürfen? und können? Gottlob eben! daß sies nicht dürfen und können! Diese zarte Natur, unwißend und dadurch auf alles begierig, leichtgläubig und damit alles Eindrucks fähig, zutrauendfolgsam und damit geneigt, auf alles Gute geführt zu werden, alles mit Einbildung, Staunen, Bewundrung erfaßend, aber eben damit auch alles um so vester und wunderbarer sich zueignend —

---

*) *Voltaire* phil. de l'hist. *Helvet. Boulanger* etc.

1) A: wären — wie in a, wo aber der Satz lautet: daß eine dergleichen Religion und Gesellschaftszustand .... wären —

2) a: gehen gelehrt?

„Glaube, Liebe und Hofnung in seinem zarten Herzen, die einzigen Saamenkörner aller Känntniße, Neigungen und Glückseligkeit" — tadelst du die Schöpfung Gottes? oder siehst du nicht in jedem deiner so genannten Fehler Behikulum, einziges Vehikulum alles Guten? Wie thöricht, wenn du diese Unwißenheit und Bewundrung, diese Einbildung und Ehrfurcht, diesen Enthusiasmus und Kindessinn mit den schwärzesten Teufelsgestalten deines Jahrhunderts, Betrügerei und Dummheit, Aberglaub' und Sklaverei, brandmarken, dir ein Heer von Priesterteufeln und Tyrannengespenstern erdichten willt, die nur in deiner Seele existiren! Wie tausendmal mehr thöricht, wenn du einem Kinde deinen Philosophischen Deismus, deine ästhetische Tugend und Ehre, deine allgemeine Völkerliebe voll toleranter Unterjochung, Aussaugung und Aufklärung nach hohem Geschmack deiner Zeit großmüthig gönnen wolltest! Einem Kinde? O du das ärgste, thörichtste Kind! und raubtest ihm damit seine beßre Neigungen, die Seligkeit und Grundveste seiner Natur; machtest es, wenn dir der unsinnige Plan gelänge, zum unerträglichsten Dinge in der Welt — einem Greise von drei Jahren.[1]

Unser Jahrhundert hat sich den Namen: Philosophie! mit Scheidewaßer vor die Stirn gezeichnet, das tief in den Kopf seine Kraft zu äußern scheint — ich habe also den Seitenblick dieser philosophischen Kritik der ältesten Zeiten, von der jetzt bekanntlich alle Philosophien der Geschichte, und Geschichte der Philosophie voll sind, mit einem Seitenblicke obwohl Unwillens und Ekels erwiedern müßen, ohne daß ich mich um die Folgen des Einen und des Andern zu bekümmern nöthig finde. Geh hin, mein Leser, und fühle noch jetzt hinter Jahrtausenden die so lang erhaltne reine Morgenländische Natur, belebe sie dir aus der Geschichte der ältesten Zeiten, und du wirst „Neigungen antreffen, wie sie nur in dem Lande, auf die Art, zu den

---

[1] a: zum unausstehlichsten Greiskinde

großen Zwecken der Vorsehung aufs Menschengeschlecht hinab gebildet werden konnten" — welch ein Gemälde, wenn ichs dir liefern könnte, wie es war!

* * *

Die Vorsehung leitete den Faden der Entwicklung weiter — vom Euphrat, Oxus und Ganges herab, zum Nil und an die Phönicische Küsten — große Schritte!

Es ist selten ohne Ehrfurcht, daß ich mich vom alten Ägypten und von der Betrachtung entferne, was es in der Geschichte des Menschlichen Geschlechts geworden? Land,[1] wo ein Theil des Knabenalters der Menschheit an Neigungen und Känntnißen gebildet werden sollte, wie in Orient die Kindheit! Eben so leicht und unvermerkt als dort die Genese, war hier die Metamorphose.

Ägypten war ohne Viehweide und Hirtenleben: der Patriarchengeist der ersten Hütte ging also verlohren. Aber aus Nilschlamm gebildet und von ihm befruchtet,[2] gabs, beinahe eben so leicht, den vortreflichsten Ackerbau: also ward die Schäferwelt von Sitten, Neigungen, Känntnißen ein Bezirk von Ackermenschen. Das Wanderleben hörte auf: es wurden veste Sitze, Landeigenthum. Länder musten ausgemeßen, jedem das Seine bestimmt, jeder bei dem Seinen beschützt werden: jeden konnte man also auch bei dem Seinen finden — es ward Landessicherheit, Pflege der Gerechtigkeit, Ordnung, Policei, wie alles im Wanderleben des Orients nie möglich gewesen:[3] es ward neue Welt. Nun kam eine Industrie auf, wie sie der selige, müßige Hüttenbewohner, der Pilger und Fremdling auf Erden, nicht gekannt hatte: Künste erfunden, die jener weder brauchte noch zu brauchen Lust fühlte. Bei dem Geist Ägyptischer Genauigkeit und Ackerfleißes konnten diese Künste nicht anders, als zu einem hohen Grad Mechanischer Vollkommenheit gelangen: der Sinn des strengen

---

1) a: geworden? Es war das auserwählte Land,
2) a: von ihm mit Frucht beschwängert   3) a: gewesen war.

Fleißes, der Sicherheit und Ordnung ging durch alles: jeder war in der Kunde der Gesetzgebung, derselben mit Bedürfniß und Genuß verpflichtet:[1] also ward auch der Mensch unter sie gefesselt: die Neigungen, die dort blos väterlich, kindlich, Schäfermäßig, Patriarchalisch gewesen waren, wurden hier bürgerlich, dörflich, städtisch. Das Kind war dem Flügelkleide entwachsen: der Knabe saß auf der Schulbank und lernte Ordnung, Fleiß, Bürgersitten.

Eine genaue Vergleichung des Morgenländischen und Ägyptischen Geistes müste zeigen, daß meine Analogie von Menschlichen Lebensaltern hergenommen, nicht Spiel sey. Offenbar war allem, was beide Alter auch gemeinschaftlich hatten, der Himmlische Anstrich genommen, und es mit Erdehaltung und Ackerleim versetzt: Ägyptens Känntniße waren nicht mehr Väterliche Drakelsprüche der Gottheit, sondern schon Gesetze, Politische Regeln der Sicherheit, und der Rest von jenen ward blos als heiliges Bild an die Tafel gemahlt, daß es nicht unterginge, daß der Knabe davor stehen, entwickeln und Weisheit lernen sollte. Ägyptens Neigungen nicht mehr so Kindeszart als die in Orient: das Familiengefühl schwächte sich, und ward dafür Sorge für dieselbe, Stand, Künstlertalent, das sich mit dem Stande, wie Haus und Acker forterbte. Aus dem müßigen Zelte, wo der Mann herrschte, war eine Hütte der Arbeit geworden, wo auch das Weib schon Person war, wo der Patriarch jetzt als Künstler saß, und sein Leben fristete. Die freie Aue Gottes voll Heerden, ein Acker voll Dörfer und Städte: das Kind, was Milch und Honig aß, ein Knabe, der über seine Pflichten mit Kuchen belohnt wurde — — es webte neue Tugend durch alles, die wir Ägyptischen Fleiß, Bürgertreue nennen wollen, die aber nicht Orientalisches Gefühl war. Dem Morgenländer, wie eckel ihm noch jetzt Ackerbau, Städteleben, Sklaverei in Kunstwerkstäten! wie wenig Anfänge hat er noch nach Jahrtausenden in alle dem

---

1) a: Gesetzgebung, und derselben mit Bedürfnißen und Genuß der Sicherheit verpflichtet:

gemacht: er lebt und webt als ein freies Thier des Feldes. Der Ägypter im Gegentheil, wie haßte und edelte er den Viehhirten, mit allem was ihm anklebte! eben wie sich nachher der feinere Grieche wieder über den lastbaren Ägypter erhob — es hieß nichts, als dem Knaben edelte das Kind in seinen Windeln, der Jüngling haßte den Schullerler des Knaben; im Ganzen aber gehörten[1] alle drei auf- und nacheinander. Der Ägypter ohne Morgenländischen Kindesunterricht wäre nicht Ägypter, der Grieche ohne Ägyptischen Schulfleiß nicht Grieche — eben ihr Haß zeigt Entwickelung, Fortgang, Stufen der Leiter!

Zum Erstaunen sind sie, die leichten[2] Wege der Vorsehung: sie, die das Kind durch Religion lockte und erzog, entwickelte den Knaben durch nichts als Bedürfniße und das liebe Muß der Schule. Ägypten hatte keine Weiden — der Einwohner muste also Ackerban wohl lernen, wie sehr erleichterte sie ihm dies schwere Lernen durch den Fruchtbringenden Nil. Ägypten hatte kein Holz: man muste mit Stein bauen lernen: Steingruben gnug da: der Nil bequem da, sie fortzubringen — wie hoch ist die Kunst gestiegen! wie viel entwickelte sie andre Künste! Der Nil überschwemmte: man brauchte Ausmeßungen, Ableitungen, Dämme, Kanäle, Städte, Dörfer — auf wie mancherlei Weise ward man am Erdkloß angeheftet! aber wie viel Einrichtung entwickelte auch der Erdkloß! Er ist mir auf der Charte nichts als Tafel voll Figuren, wo jeder Sinn entwickelt hat: so original dies Land und seine Produkte, so eine eigne Menschengattung! Der Menschliche Verstand hat viel in ihm gelernt, und vielleicht ist keine Gegend der Erde, wo dies Lernen so offenbar Kultur des Bodens gewesen als hier. Sina ist noch sein Nachbild: man urtheile und errathe.

Auch hier wieder Thorheit, eine einzige Ägyptische Tugend aus dem Lande, der Zeit und dem Knabenalter des Menschlichen

---

1) A: gehören (geändert aus a)
2) A: leichtern — gebessert aus a: Es ist zum Erstaunen, auf wie leichtem Wege ihn die Vorsehung befördert:

Geistes herauszureißen, und mit dem Maasstabe einer andern
Zeit zu messen! Konnte, wie gezeigt, sich schon der Grieche so
sehr am Ägypter irren, und der Morgenländer den Ägypter hassen:
so dünkt mich, sollts doch erster Gedanke seyn, ihn blos auf seiner
Stelle zu sehen, oder man sieht, zumal aus Europa her, die ver-
zogenste Fraze. Die Entwicklung geschah aus Orient und der Kindheit herüber — natürlich muste also noch immer Religion, Furcht,
Autorität, Despotismus das Vehikulum der Bildung werden: denn auch mit dem Knaben von sieben Jahren läßt sich noch
nicht, wie mit Greis und Manne vernünfteln. Natürlich muste
also auch, nach unserm Geschmack, dies Vehikulum der Bildung
harte Schlaube, oft solche Ungemächlichkeiten, so viel Krankheiten verursachen, die man Knabenstreitigkeiten und Kan-
tonskriege¹ nennt. Du kannst so viel Galle du willt, über den
Ägyptischen Aberglauben und das Pfaffenthum ausschütten,
als z. B. jener liebenswürdige Plato Europens,*) der nur alles zu
sehr nach Griechischem Urbilde modeln will, gethan hat — alles
wahr! alles gut, wenn das Ägyptenthum für dein Land und
deine Zeit seyn sollte. Der Rock des Knaben ist allerdings für
den Riesen zu kurz! und dem Jünglinge bei der Braut der Schul-
lerkel aneckelnd: aber siehe! dein Talar ist für jenen wieder zu lang,
und siehst du nicht, wenn du etwas Ägyptischen Geist kennest, wie
deine Bürgerliche Klugheit, Philosophischer Deismus, leichte
Tändelei, Umlauf in alle Welt, Toleranz, Artigkeit, Völkerrecht und wie der Kram weiter heiße, den Knaben wieder zum
elenden Greisknaben würde gemacht haben! Er muste eingeschlossen
seyn; eine gewiße Privation von Känntnißen, Neigungen und Tugenden muste da seyn, um das zu entwickeln, was in ihm lag, und jezt
in der Reihe der Weltbegebenheiten nur das Land, die Stelle
entwickeln konnte! Also waren ihm diese Nachtheile, Vortheile,

---

*) Shafthesburi Caract. T. III. Miscell.

1) A (verdruckt): Kantorskriege; das in A angehängte Fehlerverzeich-
niß bietet sowohl „Kantonskriege" als auch „Kantonkriege" (vergleiche unten
das lezte Stück des Anhangs).

oder unvermeidliche Übel, wie die Pflege mit fremden Ideen
dem Kinde, Streifereien und Schulzucht dem Knaben — warum
willt du ihn von seiner Stelle, aus seinem Lebensalter rücken —
den armen Knaben tödten? — — Welch eine große Bibliothek
von solchen Büchern! bald die Ägypter zu alt gemacht, und aus
ihren Hieroglyphen, Kunstanfängen, Policeiverfaßungen, welche
Weisheit geglaubt!*) bald sie wieder gegen die Griechen so tief
verachtet**) — blos weil sie Ägypter und nicht Griechen waren, wie
meist die Liebhaber der Griechen, wenn sie aus ihrem Lieblings-
lande kamen. Offenbares Unrecht!

Der beste Geschichtschreiber der Kunst des Alterthums, Winkelmann, hat über die Kunstwerke der Ägypter offenbar nur nach
Griechischem Maaßstabe geurtheilt, sie also verneinend sehr gut,
aber nach eigner Natur und Art so wenig geschildert, daß fast
bei jedem seiner Sätze in diesem Hauptstück das offenbar Einseitige
und Schielende vorleuchtet. So Webb, wenn er ihre Literatur der
Griechischen entgegensetzt: so manche andre, die über Ägyptische
Sitten und Regierungsform gar mit Europäischem Geist geschrieben haben — Und da es den Ägyptern meistens so geht, daß
man zu ihnen aus Griechenland und also mit blos Griechischem
Auge kommt — wie kanns ihnen schlechter gehen? Aber theurer
Grieche![1] diese Bildsäulen sollten nun nichts weniger (wie du aus
allem wahrnehmen könntest) als Muster der schönen Kunst nach
deinem Ideal seyn! voll Reiz, Handlung, Bewegung, wo von
allem der Ägypter nichts wuste,[2] oder was sein Zweck ihm gerade
wegschnitt. Mumien sollten sie seyn! Erinnerungen an ver-
storbne Ältern oder Vorfahren nach aller Genauigkeit ihrer
Gesichtszüge, Größe, nach hundert vestgesetzten Regeln, an

---

*) Kircher, D'origni, Bladwell u. s. w.
**) Wood, Webb, Winkelmann, Newton, Voltaire bald eins,
bald das andere, pro loco et tempore.
1) a: Aber, mein Fr.,
2) a: von alle dem hatte der Ägypter weder Begrif noch Trieb noch
Absicht.

die der Knabe gebunden war — also natürlich eben ohne Rei‍z, ohne Handlung, ohne Bewegung, eben in dieser Grabesstel‍lung mit Händ und Füssen voll Ruhe und Tod — ewige Mar‍mormumien! siehe, das sollten sie seyn, und sinds auch! sinds im höchsten Mechanischen der Kunst! im Ideal ihrer Absich‍t! — wie geht nun dein schöner Tabeltraum verlohren! Wenn du auf zehnfache Weise den Knaben durch ein Vergrößerungsglas zum Riesen erhöbest und ihn belichtetest, du kannst nichts mehr in ihm erklären; alle Knabenhaltung ist weg, und ist doch nichts min‍der, als Riese!

* * *

Die Phönicier waren, oder wurden, so verwandt sie den Ägyptern waren, gewißermaaße, ihre Gegenseite von Bildung. Jene, wenigstens in den spätern Zeiten, Haßer des Meers und der Fremden, um einheimisch nur „alle Anlagen und Künste ihres Landes zu entwickeln;" diese zogen sich hinter Berg und Wüste an eine Küste, um eine neue Welt auf dem Meere zu stiften — und auf welchem Meere? auf einem Inselnfunde, einem Busen zwischen Ländern, das recht dahin geleitet, mit Küsten, Inseln, und Landspitzen gebildet zu seyn schien, um einer Nation die Mühe des Schwimmens, und Landsuchens zu erleichtern — wie berühmt bist du Archipelag und Mittelmeer in der Geschichte des Menschlichen Geistes! Ein erster handelnder Staat, ganz auf Handel gegründet, der die Welt zuerst über Asien hinaus recht ausbreitete, Völker pflanzte und Völker band — welch ein großer neuer Schritt zur Entwick‍lung![1] Nun muste freilich das Morgenländische Hirtenleben mit diesem werdenden Staat fast schon unvergleichbar werden: Fami‍liengefühl, Religion und stiller Landgenuß des Lebens schwand: die Regimentsform that einen gewaltigen Schritt zur Freiheit der Republik, von der weder Morgenländer noch Ägypter eigentlich Begrif gehabt! Auf einer handelnden Küste musten bald wieder

---

1) a: Schritt der Entwicklung.

Wißen und Willen gleichsam Aristokratien von Städten, Häusern und Familien werden — mit allem welch eine Veränderung in Form Menschlicher Gesellschaft. Als also Haß gegen die Fremden und Verschloßenheit von andern Völkern schwand, ob der Phönicier gleich nicht aus Menschenliebe Nationen besuchte,[1] es ward eine Art von Völkerliebe, Völkerbekanntschaft, Völkerrecht sichtbar, von dem denn nun wohl ganz natürlich ein eingeschloßner Stamm oder ein Kolchisches Völkchen nichts wißen konnte. Die Welt wurde weiter: Menschengeschlechter verbundner und enger: mit dem Handel eine Menge Künste entwickelt, ein ganz neuer Kunsttrieb insonderheit, für Vortheil, Bequemlichkeit, Üppigkeit und Pracht! Auf einmal stieg der Fleiß der Menschen von der schweren Pyramidenindustrie und dem Ackerfleiße in ein „niedliches Spiel[2] kleinerer Beschäftigungen" hinunter. Statt jener unnützen, Theillosen Obelisken wandte sich die Baukunst auf Theilvolle, und in jedem Theil nutzbare Schiffe. Aus der stummen, stehenden Pyramide ward der wandelnde, sprechende Mast. Hinter der Bildnerei und Werkarbeit der Ägypter ins Große und Ungeheure,[3] spielte man jetzt so vortheilhaft mit Glas, mit zerstücktem, gezeichneten Metall, Purpur und Leinwand, Geräthschaft vom Libanon, Schmuck, Gefäßen, Zierrath — man spielts fremden Nationen in die Hände — welch andre Welt von Beschäftigung! von Zweck, Nutzen, Neigung, Seelenanwendung! Nun muste natürlich aus der schweren, Geheimnißreichen Hieroglyphenschrift „leichte, abgekürzte, bräuchliche Rechen- und Buchstabenkunst werden: nun muste der Bewohner des Schiffs und der Küste, der expatriirte Seestreicher und Völkerläufer[4] dem Bewohner des Zelts und

---

1) a: Der Haß der Fremden, die Verschloßenheit von andern Völkern muste einem Phönicier mißfallen, der andre Völker, ob wohl nicht aus Menschenliebe suchte.

2) „Spiel" fehlt in A — ergänzt nach Zeile 19 („spielte"); Müller: Feld, Düntzer: Treiben; die Stelle läßt sich aus a nicht herstellen.

3) A: Ungeheuer   4) A: Völkerkäufer (gebessert aus a)

der Ackerhütte ein ganz anderes Geschöpf dünken: der Morgenländer
muste ihm vorwerfen können, daß er Menschliches, der Ägypter,
daß er Vaterlandsgefühl geschwächt, jener, daß er Liebe und
Leben, dieser, daß er Treue und Fleiß verlohren: jener, daß
er vom heiligen Gefühl der Religion nichts wiße, dieser, daß
er das Geheime der Wißenschaften, wenigstens in Resten auf
seine Handelsmärkte zur Schau getragen." Alles wahr. Nur
entwickelte sich dagegen auch etwas ganz Anderes, (was ich zwar
keinesweges mit jenem zu vergleichen willens bin: denn ich mag
gar nicht vergleichen!) Phönicische Regsamkeit und Klugheit, eine neue Art Bequemlichkeit und Wohlleben, der Übergang zum Griechischen Geschmack, und eine Art Völkerkunde,
der Übergang zur Griechischen Freiheit. Ägypter und Phönicier waren also bei allem Kontraste der Denkart, Zwillinge Einer
Mutter des Morgenlands, die nachher gemeinschaftlich Griechenland und so die Welt weiter hinaus bildeten. Also beide
Werkzeuge der Fortleitung in den Händen des Schicksals, und
wenn ich in der Allegorie bleiben darf, der Phönicier, der erwachs-
nere Knabe, der umher lief, und die Reste der uralten Weisheit
und Geschicklichkeit mit leichterer Münze auf Märkte und
Gaßen brachte. Was ist die Bildung Europens den betrügerischen,
Gewinnsüchtigen Phöniciern schuldig! — Und nun der schöne Griechische Jüngling.

* *

Wenn wir uns vor allem der Jünglingszeit mit Lust und
Freude erinnern, die unsre[1] Kräfte und Glieder bis zur Blüthe des
Lebens ausgebildet: unsre Fähigkeiten bis zur angenehmen Schwatz-
haftigkeit und Freundschaft entwickelt: alle Neigungen auf Freiheit und Liebe, Lust und Freude gestimmt,[2] und alle nun im ersten
süßen Tone — wie wir die Jahre fürs güldne Alter und für
ein Elysium unsrer Erinnerung halten, (denn wer erinnert sich

---

1) „die unsre" fehlt in A (ergänzt aus a)
2) a: gestimmet sind:

seiner unentwickelten Kindheit?) die¹ am glänzendsten ins Auge fallen, eben im Aufbrechen der Blüthe, alle unsre künftige Würksamkeit und Hofnungen im Schoose tragend — in der Geschichte der Menschheit wird Griechenland ewig der Platz bleiben, wo sie ihre schönste Jugend und Brautblüthe verlebt hat. Der Knabe ist Hütte² und Schule entwachsen und steht da — edler Jüngling mit schönen gesalbten Gliedern, Liebling aller Grazien, und Liebhaber aller Musen, Sieger in Olympia und all' andern Spiele,³ Geist und Körper zusammen nur Eine blühende Blume!

Die Orakelsprüche der Kindheit und Lehrbilder der mühsamen Schule waren jetzt beinahe vergeßen; der Jüngling entwickelte sich aber daraus alles, was er zu Jugendweisheit und Tugend, zu Gesang und Freude, Lust und Leben brauchte. Die groben Arbeitkünste⁴ verachtete er, wie die blos Barbarische Pracht, und das zu einfache Hirtenleben; aber von Allem brach er die Blüthe einer neuen schönen Natur. — Handwerkerei ward durch ihn schöne Kunst: der dienstbare Landbau, freie Bürgerzunft, schwere Bedeutungsfülle des strengen Ägyptens, leichte schöne Griechische Liebhaberei in aller Art.⁵ Nun welche neue schöne Klaße von Neigungen und Fähigkeiten, von denen die frühere Zeit nichts wuste, zu denen sie aber Keim gab. Die Regimentsform, muste sie sich nicht vom Orientalischen Vaterdespotismus durch die Ägyptischen Landzünfte, und halbe Phönicische Aristokratien herabgeschwungen haben, ehe die schöne Idee einer Republik in Griechischem Sinne, „Gehorsam mit Freiheit gepaart, und mit dem Namen Vaterland umschlungen" statt haben konnte?⁶ Die Blüthe brach hervor: holdes

---

1) A: da (gebeßert aus a)   2) a: ist der Hütte
3) a: und zehn andern Spielen,   4) a: Arbeitskünste
5) a: er .. machte die grobe Handwerkerei zur schönen Kunst, den dienstbaren Landbau zur freien Bürgerzunft, alle schwere, bedeutende Weisheit des strengen Ägyptens zur schönen, leichten Griechischen Liebhaberei.
6) a: Die Regimentsform muste sich vom . . . . herabgeschwungen haben, ehe . . . . konnte.

Phänomenon der Natur! heißt „Griechische Freiheit!" Die
Sitten mußten sich vom Orientalischen Vater= und Ägyptischen
Taglöhnersinn durch die Phönicische Reiseklugheit gemildert
haben:¹ und siehe! die neue schöne Blüthe brach hervor „Griechische
Leichtigkeit, Milde, und Landesfreundschaft." Die Liebe
muste den Schleier des Harems durch manche Stuffen verdünnen,
ehe sie das schöne Spiel der Griechischen Venus, Amors und
der Grazien ward.² So Mythologie, Poesie, Philosophie,
schöne Künste: Entwickelungen uralter Keime, die hier Jahrszeit
und Ort fanden, zu blühen und in alle Welt zu duften. Grie=
chenland ward die Wiege der Menschlichkeit, der Völkerliebe,
der schönen Gesetzgebung, des Angenehmsten, in Religion,
Sitten, Schreibart, Dichtung, Gebräuchen und Künsten —
Alles Jugendfreude, Grazie, Spiel und Liebe!

Es ist zum Theil gnug entwickelt, was für Umstände zu dieser
einzigen Produktion des Menschengeschlechts beigetragen, und ich setze
diese Umstände nur ins Größere der allgemeinen Verbin=
bung von Zeitläuften und Völkern. Siehe dies schöne Grie=
chische Klima und in ihm das wohlgebildete Menschengeschlecht
mit freier Stirn und feinen Sinnen — ein rechtes Zwischenland
der Kultur,³ wo aus zwei Enden alles zusammen floß, was sie
so leicht und edel verwandelten! Die schöne Braut wurde von zweien
Knaben bedient zur Rechten und Linken, sie that nur schön idea=
lisiren; eben die Mischung Phönicischer und Ägyptischer Denk=
art, deren eine der andern ihr Nationelles und ihren eckichten Eigensinn
benahm, formte den Griechischen Kopf zum Ideal, zur Freiheit.

---

1) a: durch die Phönicische Reiseklugheit heruntergeschwungen, verdünnt
und gemildert haben,

2) a: Die Liebe muste aus dem Schleier des Harems durch die freiern
Bedürfnisse Ägyptens und Phöniciens durchgehen, ehe sie das schöne Spiel
Amors und der Grazien werden konnte.

3) „ein rechtes Zwischenland der Kultur" — vergleiche a: ihre
Lage zwischen Land und Meer auf Küsten und Inseln, zwischen Ägypten
und Asien, recht im Busen aller Kultur,

Jetzt die sonderbaren Anläße ihrer Theilung und Vereinigungen von den frühesten Zeiten her: ihre Abtrennung in Völker, Republiken, Kolonien, und doch der gemeinschaftliche Geist derselben; Gefühl einer Nation, eines Vaterlands, einer Sprache! — Die besondern Gelegenheiten zu Bildung dieses Allgemeingeists, vom Zuge der Argonauten, und dem Feldzuge gegen Troja an, bis zu den Siegen gegen die Perser, und die Niederlage gegen den Macedonier, da Griechenland starb! — Ihre Einrichtungen gemeinschaftlicher Spiele und Nacheiferungen, immer mit kleinen Unterschieden und Veränderungen, bei jedem kleinsten Erdstrich und Völkchen — alles und zehnfach mehr gab Griechenland eine Einheit und Mannichfaltigkeit, die auch hier das schönste Ganze machte. Kampf und Beihülfe, Streben und Mäßigen; die Kräfte des Menschlichen Geistes kamen ins schönste Eben- und Unebenmaaß — Harmonie der Griechischen Leyer!

Aber daß nun nicht eben damit unsäglich vieles von der alten frühern Stärke und Nahrung verlohren gehen mußte, wer wollte das läugnen?[1] Da den Ägyptischen Hieroglyphen ihre schwere Hülle abgestreift ward, so kanns immer seyn, daß auch ein gewißes Tiefe, Bedeutungsvolle, Naturweise, was Charakter dieser Nation war, damit über See verduftete: der Grieche behielt nichts als schönes Bild, Spielwerk, Augenweide — nennts gegen jenes Schwerere wie ihr wollt; gnug er wollte nur dies! Der Religion des Morgenlandes ward ihr heiliger Schleier[2] genommen; und natürlich, da alles auf Theater und Markt, und Tanzplatz Schau getragen wurde, wards in kurzem „Fabel, schön ausgedehnt, beschwatzet, gedichtet und neugedichtet — Jünglingstraum und Mädchensage!" die Morgenländische Weisheit, dem Vorhange der Mysterien entnommen, ein schön Geschwätz, Lehrgebäude und Zänkerei der Griechischen Schulen und

---

1) a: verlohren gangen sey, ist nicht zu läugnen.
2) a: ihr heiliger Schleier der Ehrfurcht

Märkte. Der Ägyptischen Kunst ward ihr schweres Handwerksgewand entnommen, und so verlohr sich auch das zu genaue Mechanische und Künstlereistrenge,¹ wornach die Griechen nicht strebten: der Koloß erniederte sich zur Bildsäule: der Riesentempel zum Schauplatz: Ägyptische Ordnung und Sicherheit ließ in dem Vielfachen Griechenlands von selbst nach. Jener alte Priester konnte in mehr als Einem Betracht sagen „o ihr ewigen Kinder, die ihr nichts wißet, und so viel schwatzt, nichts thut, und um so viel spielet,² nichts habt, und alles so schön vorzeiget," und der alte Morgenländer aus seiner Patriarchenhütte würde noch heftiger sprechen — ihnen statt Religion, Menschheit und Tugend, nur Bulerei mit³ alle dem Schuld geben können u. s. w. Seys. Das Menschliche Gefäß ist einmal keiner Vollkommenheit fähig: muß immer verlaßen, indem es weiter rückt. Griechenland rückte weiter:⁴ Ägyptische Industrie und Policei konnte ihnen nicht helfen, weil sie kein Ägypten und keinen Nil — Phönicische Handelsklugheit nicht helfen, weil sie keinen Libanus und kein Indien im Rücken hatten: zur Orientalischen Erziehung war die Zeit vorbei — gnug! es ward, was es war — Griechenland! Urbild und Vorbild aller Schöne, Grazie und Einfalt! Jugendblüthe des Menschlichen Geschlechts — o hätte sie ewig dauren können!

Ich glaube, der Stand, in den ich Griechenland stelle, trägt auch bei, „den ewigen Streit über die Originalität der Griechen oder ihre Nachahmung fremder Nationen" etwas zu entwirren: man hätte sich wie überall, also auch hier, lange vereinigt, hätte man sich nur beßer verstanden. Daß Griechenland Samenkörner der Kultur, Sprache, Künste und Wißenschaften anders woher erhalten, ist, dünkt mich, unläugbar, und es kann bei einigen, Bildhauerei, Baukunst, Mythologie, Litteratur offenbar gezeigt werden. Aber daß die Griechen dies alles so g

---

1) A: Künstlerstrenge (gebessert aus a)
2) „nichts thut — spielet," fehlt in A (ergänzt aus a)   3) a:
4) a: fähig: man muß immer verlaßen, wenn man weiter rückt.
Griechenland, nur wie rückte es auch weiter!

als nicht erhalten, daß sie ihm ganz neue Natur angeschaffen, daß in jeder Art das „Schöne" im eigentlichen Verstande des Worts ganz gewiß ihr Werk sey — das, glaube ich, wird aus einiger Fortleitung der Ideen eben so gewiß. Nichts Orientalisches, Phönicisches und Ägyptisches behielt seine Art mehr: es ward Griechisch, und in manchem Betracht waren sie fast zu sehr Originale, die alles nach ihrer Art um- und einkleideten. Von der größten Erfindung und der wichtigsten Geschichte an, bis auf Wort und Zeichen — alles ist davon voll: von Schritt zu Schritt, bei allen Nationen ists ebenfalls so — wer weiter System bauen, oder über Namen streiten will, streite!

* * *

Es kam das Mannesalter Menschlicher Kräfte und Bestrebungen — die Römer. Gegen die Griechen hat Virgil auf einmal sie geschildert, jenen schöne Künste und Jugendübungen überlaßen:[1]

> tu regere imperio populos, Romano, memento

ungefähr damit auch gegen die Nordländer ihren Zug geschildert, die es ihnen vielleicht an Barbarischer Härte, Stärke im Anfalle, und roher Tapferkeit zuvor thaten; aber —

> tu *regere imperio* populos —

Römertapferkeit idealisirt: Römertugend! Römersinn! Römerstolz! Die großmüthige Anlage der Seele, über Wohllüste, Weichlichkeit und selbst das feinere Vergnügen, hinwegzusehen, und fürs Vaterland zu würken: der gefaßte Heldenmuth, nie kühn zu seyn und sich in Gefahr zu stürzen, sondern zu harren, zu überlegen, zu bereiten und zu thun: es war der unerschütterte Gang, durch nichts was Hinderniß heißt, sich abschrecken zu laßen, eben im Unglück am größten zu seyn, und nicht zu verzweifeln: es war endlich der große immer unterhaltene Plan, mit nichts wenigern sich zu begnügen, als bis ihr Adler den Welt-

---

1) a: und da ist mit den Worten Virgils so gleich das Volk geschildert, das den Griechen alle ihre schöne Künste und Jugendübungen überließ

kreis deckte — — wer zu allen diesen Eigenschaften ein vielwichtiges Wort prägen, darin zugleich ihre männliche Gerechtigkeit, Klugheit, das Volle ihrer Entwürfe, Entschließungen, Ausführungen und überhaupt aller Geschäfte ihres Weltbaus begreifen kann, der nenne es. — Gnug hier stand der Mann, der des Jünglings genoß und brauchte, für sich aber nur Wunder der Tapferkeit und Männlichkeit thun wollte; mit Kopf, Herz und Armen!

Auf welcher Höhe hat das Römische Volk gestanden, welchen Riesentempel auf dieser Höhe erbaut! Sein Staats- und Kriegsgebäude, deßen Plan und Mittel zur Ausführung — Koloßus für alle Welt! Konnte in Rom ein Bubenstück begangen werden, ohne daß Blut in drei Erdtheilen floß? und die großen würdigen Leute dieses Reichs wo? und wie? würkten sie hinaus! was für Glieder dieser großen Maschiene fast unwißend mit so leichten Kräften bewogen! wohin alle ihre Werkzeuge erhöht und befestigt: Senat und Kriegskunst — Gesetze und Zucht — Römerzweck und Stärke, ihn auszuführen — ich schaure! Was bei den Griechen Spiel, Jugendprobe gewesen war, ward bei ihnen ernsthafte veste Einrichtung: die Griechischen Muster auf einem kleinen Schauplatze, einer Erdenge, einer kleinen Republik, auf der Höhe und mit der Stärke aufgeführt, wurden Schauthaten der Welt.

Wie man auch die Sache nehme: es war „Reife des Schicksals der alten Welt." Der Stamm des Baums zu seiner größern Höhe erwachsen, strebte, Völker und Nationen unter seinen Schatten zu nehmen, in Zweige. Mit Griechen, Phöniciern, Egyptern und Morgenländern zu wetteifern, haben die Römer nie zu ihrer Hauptsache gemacht; aber indem sie alles was vor ihnen war, männlich anwandten — was wurde für ein Römischer Erdkreis! Der Name knüpfte Völker und Weltstriche zusammen, die sich voraus nicht dem Laut nach gekannt hatten. Römische Provinzen! in allen wandelten Römer, Römische Legionen, Gesetze, Vorbilder von Sitten, Tugenden und

Laſtern. Die Mauer ward zerbrochen, die Nation von Na=
tion ſchied, der erſte Schritt gemacht, die Nationalcharaktere
aller zu zerſtören, alle in eine Form zu werfen, die "Rö=
mervolk" hieß. Natürlich war der erſte Schritt noch nicht das
Werk: jede Nation blieb bei ihren Rechten, Freiheiten, Sitten
und Religion; ja die Römer ſchmeichelten ihnen, eine Puppe der
letzten ſelbſt mit in ihre Stadt zu bringen. Aber die Mauer lag.
Jahrhunderte von Römerherrſchaft — wie man in allen Welt=
theilen, wo ſie geweſen ſind, ſiehet — würkten ſehr viel: Sturm,
der die innerſten Kammern der Nationaldenkart jedes Volks
durchdrang: mit der Zeit wurden die Bande immer veſter,
endlich ſollte das ganze Römiſche Reich gleichſam nur Stadt
Rom werden — alle Unterthanen Bürger — bis es ſelbſt ſank.

Auf keine Weiſe noch von Vortheil oder Nachtheil geredet,
allein von Würkung. Wenn alle Völker unter dem Römiſchen
Joche gewißermaaße die Völker zu ſeyn aufhörten, die ſie waren,
und alſo über die ganze Erde eine Staatskunſt, Kriegskunſt
und Völkerrecht eingeführt wurde, wovon voraus noch kein Bei=
ſpiel geweſen war: da die Maſchiene ſtand, und da die Maſchiene
fiel, und da die Trümmern alle Nationen der Römiſchen Erde
bedeckten — gibts in aller Geſchichte der Jahrhunderte einen
größern Anblick! Alle Nationen von= oder auf dieſen Trüm=
mern bauend! Völlig neue Welt von Sprachen, Sitten, Nei=
gungen und Völkern — es beginnet eine andre Zeit — Anblick,
wie aufs weite offenbare Meer neuer Nationen. — Laßet uns in=
deßen noch vom Ufer einen Blick auf die Völker werfen, deren Ge=
ſchichte wir durchlaufen ſind.

* * *

I. Niemand in der Welt fühlt die Schwäche des allge=
meinen Charakteriſirens mehr als ich. Man mahlet ein gan=
zes Volk, Zeitalter, Erdſtrich — wen hat man gemahlt? Man faßet
auf einander folgende Völker und Zeitläufte, in einer ewigen
Abwechslung, wie Wogen des Meeres zuſammen — wen hat

man gemahlt? wen hat das schildernde Wort getroffen? — Endlich
man faßt sie doch in Nichts, als ein allgemeines Wort zusam=
men, wo jeder vielleicht denkt und fühlt, was er will — unvoll
kommenes Mittel der Schilderung! wie kann man mißver=
standen werden! —

Wer bemerkt hat, was es für eine unaussprechliche Sache
mit der Eigenheit eines Menschen sey, das Unterscheidende
unterscheidend sagen zu können? wie Er fühlt und lebet? wie
anders und eigen Ihm alle Dinge werden, nachdem sie sein
Auge siehet, seine Seele mißt, sein Herz empfindet — welche
Tiefe in dem Charakter nur Einer Nation liege, die, wenn man
sie auch oft gnug wahrgenommen und angestaunet hat, doch so seh=
das Wort fleucht, und im Worte wenigstens so selten einem
jeden anerkennbar wird, daß er verstehe und mitfühle — ist das,
wie? wenn man das Weltmeer ganzer Völker, Zeiten und Länder
übersehen, in einen Blick, ein Gefühl, ein Wort faßen soll?
Mattes halbes Schattenbild von¹ Worte! Das ganze lebendige
Gemälde von Lebensart, Gewohnheiten, Bedürfnißen, Landes= und
Himmelseigenheiten müste dazu kommen, oder vorhergegangen
seyn; man müste erst der Nation sympathisiren, um eine ein=
zige ihrer Neigungen und Handlungen, alle zusammen zu
fühlen, Ein Wort finden, in seiner Fülle sich alles denken —
oder man lieset — ein Wort.

Wir glauben alle, noch jetzt Väterliche und Häusliche und
Menschliche Triebe zu haben, wie sie der Morgenländer — Treue
und Künstlerfleiß² haben zu können, wie sie der Ägypter besaß:
Phönicische Regsamkeit, Griechische Freiheitliebe, Rö=
mische Seelenstärke — wer glaubt nicht zu dem allen Anlage
zu fühlen, wenn nur Zeit, Gelegenheit — — und siehe! mein
Leser, eben da sind wir. Der feigste Bösewicht hat ohne Zweifel
zum großmüthigsten Helden noch immer entfernte³ Anlage und
Möglichkeit — aber zwischen dieser und „dem ganzen Gefühl

---

1) A: vom   2) a: Treue und Ackerfleiß   3) a: einige

des Seyns, der Existenz in solchem Charakter" — Kluft!¹
Fehlte es dir also auch an nichts, als an Zeit, an Gelegenheit,
deine Anlagen zum Morgenländer, zum Griechen, zum Römer in
Fertigkeiten und gediegne Triebe zu verwandeln — Kluft!
nur von Trieben und Fertigkeiten ist die Rede. Ganze Natur
der Seele, die durch Alles herrscht, die alle übrige Neigungen
und Seelenkräfte nach sich modelt, noch auch die gleichgültigsten
Handlungen färbet² — um diese mitzufühlen, antworte nicht aus
dem Worte, sondern gehe in das Zeitalter, in die Himmelsgegend,
die ganze Geschichte, fühle dich in alles hinein — nun allein bist
du auf dem Wege, das Wort zu verstehen; nun allein aber wird
dir auch der Gedanke schwinden, „als ob alles das einzeln oder
zusammen genommen auch du seyst!" Du alles zusammen genommen?
Quintessenz aller Zeiten und Völker? das zeigt schon die
Thorheit!

Charakter der Nationen! Allein Data ihrer Verfaßung
und Geschichte müßen entscheiden. Hat nicht ein Patriarch, aber
außer den Neigungen, die du ihm beimißest, auch andre gehabt?
haben können? ich sage zu beiden blos: Allerdings! Allerdings
hatte er andre, Nebenzüge, die sich aus dem, was ich gesagt oder
nicht gesagt, von selbst verstehen, die ich, und vielleicht andre mit
mir, denen seine Geschichte vorschwebt, in dem Worte schon aner-
kennen, und noch lieber, daß er weit andres haben können —
auf anderm Ort, zu der Zeit, mit dem Fortschritte der Bildung, unter den andern Umständen — warum da nicht Leoni-
das, Cäsar und Abraham ein artiger Mann unsres Jahrhunderts? seyn können! aber wars nicht: darüber frage die Geschichte: davon ist die Rede.

---

1) a: aber zwischen dieser Anlage und dem ganzen Gefühl des Seyns,
der That, der völligen Existenz in solchem Charakter, welche unendliche Kluft!

2) a: nur von solchen Trieben und Fertigkeiten und ganzer Natur
der Seele, die in Allem herrscht, die alle übrige Neigungen und Seelenkräfte nach sich modelt, die auch die abgetrenntsten Handlungen noch färbet,
nur davon ist die Rede.

So mache ich mich ebenfalls auf kleinfügige Widersprüche gefaßt, aus dem großen Detail von Völkern und Zeiten. Daß kein Volk lange geblieben und bleiben konnte, was es war, daß Jedes, wie jede Kunst und Wißenschaft, und was in der Welt nicht? seine Periode des Wachsthums, der Blüthe und der Abnahme gehabt; daß jedwede dieser Veränderungen nur das Minimum von Zeit gedauert, was ihr auf dem Rade des Menschlichen Schicksals gegeben werden konnte — daß endlich in der Welt keine zwei Augenblicke dieselben sind — daß also Ägypter, Römer und Grieche auch nicht zu allen Zeiten dieselben gewesen — ich zittre, wenn ich denke, was weise Leute, zumal Geschichtkenner, für weise Einwendungen hierüber machen können! Griechenland bestand aus vielen Ländern: Athenienser und Böotier, Spartaner und Korinthier war sich nichts minder, als gleich — — Trieb man nicht auch in Asien den Ackerbau? Haben nicht Ägypter einmal eben so gut gehandelt, wie Phönicier? Waren die Macedonier nicht eben so wohl Eroberer, als die Römer? Aristoteles nicht eben so ein spekulativer Kopf als Leibniz? Übertrafen unsre Nordische Völker nicht die Römer an Tapferkeit? Waren alle Ägypter, Griechen, Römer — sind alle Ratten und Mäuse einander gleich — nein! aber sie sind doch Ratten und Mäuse!

Wie verdrüßlich muß es werden, zum Publikum zu reden, wo man vom schreienden Theile, (der edler denkende Theil schweigt!) sich immer dergleichen und noch ärgere Einwendungen, und in welchem Tone vorgetragen! versehen muß, und sichs denn zugleich versehen muß, daß der große Haufe Schaafe, der nicht weiß, was rechts und links ist, dem so gleich nachwähne![1] Kanns ein allgemeines Bild ohne Untereinander= und Zusammenordnung? kanns eine weite Aussicht geben, ohne Höhe? Wenn du das Angesicht dicht an dem Bilde hältst, an diesem Spane schnitzt, an jenem Farbenklümpchen klaubest: nie siehest du das ganze Bild — siehest nichts weniger als Bild! Und wenn dein Kopf

---

1) nachmähe (?)

einer Gruppe, in die du dich vernarrt hast, voll ist, kann dein Blick wohl ein Ganzes so abwechselnder Zeitläufte umfaßen? ordnen? sanft verfolgen? bei jeder Scene nur Hauptwürkung absondern? die Verflößungen still begleiten? und nun — — nennen! Kannst du aber nichts von alle dem: die Geschichte flimmert und fackelt dir vor den Augen! ein Gewirre von Scenen, Völkern, Zeitläuften — lies erst und lerne sehen! Übrigens weiß ichs, wie du, daß jedes allgemeine Bild, jeder allgemeine Begrif nur Abstraktion sey — Schöpfer allein ists, der die ganze Einheit, einer, aller Nationen, in alle ihrer Mannichfaltigkeit denkt, ohne daß ihm dadurch die Einheit schwinde.

II. Also von diesen kleinfügigen Einwendungen, Zweck und Gesichtspunkt verfehlend, hinweg! hingestellt in die Absicht des großen Folgeganzen — wie elend werden „manche Modeurtheile unsres Jahrhunderts über Vorzüge, Tugenden, Glückseligkeit so entfernter, so abwechselnder Nationen, aus blos allgemeinen Begriffen der Schule!"

Ist die Menschliche Natur keine im Guten selbstständige Gottheit:¹ sie muß alles lernen, durch Fortgänge gebildet werden, im allmälichen Kampf immer weiter schreiten; natürlich wird sie also von den Seiten am meisten, oder allein gebildet, wo sie dergleichen Anläße zur Tugend, zum Kampf, zum Fortgange hat — in gewißem Betracht ist also² jede Menschliche Vollkommenheit National, Säkular, und am genauesten betrachtet, Individuell. Man bildet nichts aus, als wozu Zeit, Klima, Bedürfniß, Welt, Schicksal Anlaß gibt: vom übrigen abgekehrt:³ die Neigungen oder Fähigkeiten, im Herzen schlummernd, können nimmer Fertigkeiten werden; die Nation kann also

---

1) a: Wenns gewiß ist, die Menschliche Natur ist kein Gefäß der Vollkommenheit, ist keine im Guten selbstständige Gottheit:

2) a: hat — ist dies Alles unzweifelhaft: so siehet man, ist in gewißem Betracht

3) a: Eine Nation bildet keine Tugenden aus, als zu denen ihr .... Anlaß gibt: vom übrigen bleibt sie abgekehrt:

bei Tugenden¹ der erhabensten Gattung von Einer Seite, von Einer
andern Mängel-haben, Ausnahmen machen, Widersprüche
und Ungewißheiten zeigen, die in Erstaunen setzen; aber niemand, als der sein Idealisch Schattenbild² von Tugend aus
dem Kompendium seines Jahrhunderts mitbringt, und Philosophie
gnug hat, um auf einem Erdenfleck die ganze Erde finden zu wollen,
sonst keiner! Für jeden, der Menschliches Herz aus dem Elemente
seiner Lebensumstände erkennen will, sind dergleichen Ausnahmen und Widersprüche vollkommen Menschlich: Proportion
von Kräften und Neigungen zu einem gewißen Zwecke, der
ohne jene nimmer erreicht werden könnte: also gar keine Ausnahmen, sondern Regel.

Seis, mein Freund, daß jene Kindliche Orientalische Religion, jene Anhänglichkeit an das weichste Gefühl des Menschlichen Lebens auf der andern Seite Schwächen gebe,³ die du nach
dem Muster andrer Zeiten verdammest. Ein Patriarch kann kein
Römischer Held, kein Griechischer Wettläufer, kein Kaufmann
von der Küste seyn;⁴ und eben so wenig, wozu ihn das Ideal deines Katheders, oder deiner Laune hinaufschraubte, um ihn falsch
zu loben, oder bitter zu verdammen. Seis, daß er nach
spätern Vorbildern dir furchtsam, Todscheu, weichlich, unwißend, müßig, abergläubig, wenn du Galle im Auge hast,
abscheulich⁵ vorkäme: er ist, wozu ihn Gott, Klima, Zeit und
Stuffe des Weltalters bilden konnte, Patriarch! — hat also gegen
alle Verluste späterer Zeiten,⁶ Unschuld, Gottesfurcht, Menschlichkeit: in denen er für jedes späte Zeitalter ewig ein Gott seyn

---

1) a: bei Tugend   2) a: sein Idealisches Schattenbild
3) a: geben
4) a: kein Griechischer Olympischer Sieger, kein handelnder Phönizier
und ackernder Ägypter seyn
5) a: abergläubig, oder gar wenn du . . . hast, noch ärger
6) „gegen alle Verluste späterer Zeiten" — vergl. a: wie muß er
verlieren, wenn du ihn gegen den . . . Griechen . . . Römer, gegen einen
Menschenfreund unsres Jahrhunderts hältst,

wird! der Ägypter kriechend, sklavisch, ein Erdethier, abergläubisch[1] und traurig, hart gegen Fremde, ein Gedankenloses Geschöpf der Gewohnheit — hier gegen den leichten, alles schön bildenden Griechen, dort gegen einen Menschenfreund im hohen Geschmack unsres Jahrhunderts, der alle Weisheit im Kopfe und alle Welt im Busen trägt — welche Figur! Aber nun auch jenes Unverdrossenheit, Treue, starke Ruhe — kannst du die mit der Griechischen Knabenfreundschaft und Jugendbulerei um alles Schöne und Angenehme vergleichen? und wieder Griechische Leichtigkeit, Tändelei mit Religion, Mangel gewißer Liebe, Zucht und Ehrbarkeit verkennen,[2] wenn du ein Ideal, weiß nicht weßen, nehmen wolltest? konnten aber jene Vollkommenheiten ohne diese Mängel in dem Maaße und Grade ausgebildet werden? Die Vorsehung selbst, siehest du, hats nicht gefodert, hat nur in der Abwechslung, in dem Weiterleiten durch Weckung neuer Kräfte und Ersterbung andrer, ihren Zweck erreichen wollen — Philosoph im Nordischen Erdenthal, die Kinderwaage deines Jahrhunderts in der Hand, weißt du es beßer, als sie?

Machtsprüche Lobes und Tadels, die wir aus einem aufgefundenen Lieblingsvolke des Alterthums, in das wir uns vergafften, auf alle Welt schütten — welches Rechtes seid ihr! Jene Römer konnten seyn, wie keine Nation; thun, was keiner nachthut: sie waren Römer. Auf einer Welthöhe, und alles rings um sie Thal. Auf der Höhe von Jugend auf, zu dem Römersinn gebildet, handelten in ihm — was Wunder? Und was Wunder, daß ein kleines Hirten- und Ackervolk in einem Thale der Erde nicht eisernes Thier war, was so handeln konnte? Und was Wunder, daß dies wieder Tugenden hatte, die der edelste

---

1) „abergläubisch" auch in a (vgl. dagegen S. 506⁵)
2) A: vergleichen — gebessert aus a: kannst du ihre Leichtigkeit, Treulosigkeit, Untiefe in einigen, Irreligion in andern, Mangel an Zucht, Ehrbarkeit und Wohlstande in noch andern Gesichtspunkten verkennen, wenn du fremde Sitten dazu nehmen willst —

Römer nicht, und der edelste Römer auf seiner Höhe, im Drange
der Noth, Grausamkeiten mit kaltem Blute beschließen konnte, die
der Hirte im kleinen Thale denn nun wieder nicht auf der Seele
hatte. Auf dem Gipfel jener Riesenmaschiene war leider! die Aufopferung oft Kleinigkeit, oft Noth, oft (arme Menschheit, welcher Zustände bist du fähig!) oft Wohlthat. Eben die Maschiene,
die weitreichende Laster möglich machte, wars, die auch Tugenden so hoch hob, Würksamkeit so weit ausbreitete: ist die
Menschheit überhaupt in Einem jetzigen Zustande reiner Vollkommenheit fähig? Gipfel gränzt an Thal. Um edle Spartaner wohnen unmenschlich behandelte Heloten. Der Römische
Triumphator mit Götterröthe gefärbt ist unsichtbar auch mit
Blute getüncht: Raub, Frevel und Wohllüste sind um seinen
Wagen: vor ihm her Unterdrückung: Elend und Armuth zieht
ihm nach. — Mangel und Tugend wohnen also auch in diesem
Verstande in einer Menschlichen Hütte immer beisammen.

Schöne Dichtkunst, ein Lieblingsvolk der Erde, in über-
menschlichen Glanz zu zaubern — auch ist die Dichtkunst nützlich,
denn der Mensch wird auch durch schöne Vorurtheile veredelt —
aber wenn der Dichter ein Geschichtschreiber, ein Philosoph
ist, wie es die meisten zu seyn vorgeben, und die denn nach der
einen Form ihrer Zeit — oft ist sie sehr klein und schwach! —
alle Jahrhunderte modeln — Hume! Voltäre! Robertsons! klaßische Gespenster der Dämmerung! was seid ihr im Lichte
der Wahrheit?¹

Eine gelehrte Gesellschaft unsrer Zeit*) gab, ohne Zweifel
in hoher Absicht, die Frage auf: „welches in der Geschichte
wohl das glücklichste Volk gewesen?" und verstehe ich die
Frage recht; liegt sie nicht außer dem Horizont einer Menschlichen

---

*) Die Herren müssen ein erschrecklich hohes Ideal gehabt haben, denn
meines Wißens, haben sie keine ihrer Philosophischen Aufgaben je erreicht
gefunden.²

1) s. den Anhang.
2) Die Anmerkung fehlt in a.

Beantwortung, so weiß ich nicht, als: zu gewißer Zeit und unter
gewißen Umständen, traf auf jedes Volk ein solcher Zeitpunkt, oder
es wars nie eines. Ist nehmlich wiederum Menschliche Natur
kein Gefäß einer absoluten, unabhängigen, unwandelbaren
Glückseligkeit, wie der Philosoph sie definirt: sie zieht aber überall
so viel Glückseligkeit an, als sie kann: ¹ein biegsamer Ton,
sich in den verschiedensten Lagen, Bedürfnißen und Bedrückungen
auch verschieden zu formen: selbst das Bild der Glückseligkeit wandelt mit jedem Zustande und Himmelsstriche — (denn was ist dieß
je anders als die Summe von „Wunschbefriedigungen, Zweck-
erreichungen und sanftem Überwinden der Bedürfniße,"
die sich doch alle nach Land, Zeit und Ort gestalten?) im Grunde
also wird alle Vergleichung mißlich. So bald sich der inner-
liche Sinn der Glückseligkeit, die Neigung verändert hat: so bald
die äußern Gelegenheiten und Bedürfniße den andern Sinn
bilden und befestigen — wer kann die verschiedene Befriedigung
verschiedner Sinne in verschiednen Welten vergleichen? den
Hirten und Vater des Orients, den Ackermann und Künstler, den
Schiffer, Wettläufer, Überwinder der Welt — wer vergleichen?²
Im Lorbeerkranze, oder am Anblicke der gesegneten Heerde,
am Waarenschiffe und erbeuteten Feldzeichen liegt nichts —
aber an der Seele, die das brauchte, darnach strebte, das nun
erreicht hat, und nichts anders als das erreichen wollte — jede
Nation hat ihren Mittelpunkt der Glückseligkeit in sich, wie jede
Kugel ihren Schwerpunkt!

Gut hat auch hier die gute Mutter gesorgt. Sie legte Anlagen zu der Mannichfaltigkeit ins Herz, machte jede aber an
sich selbst so wenig dringend, daß wenn nur einige befriedigt
werden, sich die Seele bald aus diesen erweckten Tönen ein Kon-

---

1) a: Unser Gemächte ist ein so biegsamer Ton,

2) vgl. a: Fragt also nicht, ob der Orientalische Hirte oder der
Ägyptische Ackermann und Künstler oder der Phönicische Schiffer, der Griechische Wettläufer, der Römische Held glücklicher gewesen sei?

cert bildet, und die unerweckten nicht fühlet, als wiefern sie stumm
und dunkel, den lautenden Gesang unterstützen. Sie legte Anlagen von Mannichfaltigkeit ins Herz, nun einen Theil der
Mannichfaltigkeit im Kreise um uns, uns zu Händen: nun mäßigte
sie den Menschlichen Blick, daß nach einer kleinen Zeit der Gewohnheit ihm dieser Kreis, Horizont wurde — nicht drüber zu
blicken: kaum drüber zu ahnden! Alles was mit meiner Natur
noch gleichartig ist, was in sie aßimilirt werden kann, beneide
ich, strebs an,[1] mache mirs zu eigen; darüber hinaus hat mich
die gütige Natur mit Fühllosigkeit, Kälte und Blindheit be-
wafnet; sie kann gar Verachtung und Eckel werden — hat aber
nur zum Zweck, mich auf mich selbst zurückzustoßen, mir auf
dem Mittelpunkt Gnüge zu geben, der mich trägt. Der Grieche
macht sich so viel vom Ägypter, der Römer vom Griechen zu eigen,
als er für sich braucht:[2] er ist gesättigt, das übrige fällt zu
Boden und er strebts nicht an! Oder wenn in dieser Ausbildung
eigner Nationalneigungen zu eigner Nationalglückseligkeit der Ab-
stand zwischen Volk und Volk schon zu weit gediehen ist: siehe,
wie der Ägypter den Hirten, den Landstreicher haßet! wie er den
leichtsinnigen Griechen verachtet! So jede zwo Nationen, deren
Neigungen und Kreise der Glückseligkeit sich stoßen — man nennts
Vorurtheil! Pöbelei! eingeschränkten Nationalism! Das Vorurtheil ist gut, zu seiner Zeit: denn es macht glücklich. Es drängt
Völker zu ihrem Mittelpunkte zusammen, macht sie vester auf ihrem
Stamme, blühender in ihrer Art, brünstiger und also auch glück-
seliger in ihren Neigungen und Zwecken. Die unwißendste,
vorurtheilendste Nation ist in solchem Betracht oft die erste:[3] das
Zeitalter fremder Wunschwanderungen, und ausländischer Hoffnungs-
fahrten ist schon Krankheit, Blähung, ungesunde Fülle, Ahn-
dung des Todes!

---

1) a: strebe ich an,
2) a: als er für sich und zu seiner Glückseligkeit noch diensam fühlt:
3) a: die glücklichste:

III. Und der allgemeine, Philosophische, Menschenfreundliche Ton unsres Jahrhunderts gönnet jeder entfernten Nation, jedem ältesten Zeitalter der Welt, an Tugend und Glückseligkeit so gern "unser eigen Ideal?" ist so alleiniger Richter, ihre Sitten nach sich allein zu beurtheilen? zu verdammen? oder schön zu dichten? Ist nicht das Gute auf der Erde ausgestreut? Weil eine Gestalt der Menschheit und ein Erdstrich es nicht fassen konnte, wards vertheilt in tausend Gestalten, wandelt — ein ewiger Proteus! — durch alle Welttheile und Jahrhunderte hin — auch, wie er wandelt und fortwandelt, ists nicht größere Tugend oder Glückseligkeit des Einzeln, worauf er strebet, die Menschheit bleibt immer nur Menschheit — und doch wird ein Plan des Fortstrebens sichtbar — mein großes Thema!

Wers bisher unternommen, den Fortgang der Jahrhunderte zu entwickeln, hat meistens die Lieblingsidee auf der Fahrt: Fortgang zu mehrerer Tugend und Glückseligkeit einzelner Menschen. Dazu hat man alsdenn Fakta erhöhet, oder erdichtet: Gegenfakta verkleinert oder verschwiegen; ganze Seiten bedeckt; Wörter für Wörter[1] genommen, Aufklärung für Glückseligkeit, mehrere und feinere Ideen für Tugend — und so hat man "von der allgemeinfortgehenden Verbeßerung der Welt" Romane gemacht — die keiner glaubte, wenigstens nicht der wahre Schüler der Geschichte und des Menschlichen Herzens.

Andre die das Leidige dieses Traums sahen, und nichts beßers wusten — sahen Laster und Tugenden, wie Klimaten, wechseln, Vollkommenheiten, wie einen Frühling von Blättern entstehen und untergehen, Menschliche Sitten und Neigungen, wie Blätter des Schicksals fliegen, sich umschlagen — kein Plan! kein Fortgang! ewige Revolution — Weben und Aufreißen! — Penelopische Arbeit! — Sie fielen in einen Strudel, Skepticismus an aller Tugend, Glückseligkeit und Bestimmung des Menschen, in den sie alle Geschichte, Religion und Sittenlehre

---

1) Das zweite „Wörter" ist zweifellos verschrieben; etwa „Werke", „Sachen", „Fakta"?

flechten¹ — — der neueste Modeton der² neuesten, insonderheit Französischen Philosophen,*) ist Zweifel! Zweifel in hundert Gestalten, alle aber mit dem blendenden Titel „aus der Geschichte der Welt!" Widersprüche und Meereswogen: man scheitert, oder was man von Moralität und Philosophie aus dem Schiffbruche rettet, ist kaum der Rede werth.

Sollte es nicht offenbaren Fortgang und Entwicklung aber in einem höhern Sinne geben, als mans gewähnet hat? Siehst du diesen Strom fortschwimmen: wie er aus einer kleinen Quelle entsprang, wächst, dort abreißt, hier ansetzt, sich immer schlängelt und weiter und tiefer bohret — bleibt aber immer Waßer! Strom! Tropfe! immer nur Tropfe, bis er ins Meer stürzt — wenns so mit dem Menschlichen Geschlechte wäre? Oder siehest du jenen wachsenden Baum! jenen emporstrebenden Menschen! er muß durch verschiedne Lebensalter hindurch! alle offenbar im Fortgange! ein Streben auf einander in Kontinuität! Zwischen jedem sind scheinbare Ruheplätze, Revolutionen! Veränderungen! und dennoch hat jedes den Mittelpunkt seiner Glückseligkeit in sich selbst! Der Jüngling ist nicht glücklicher als das unschuldige, zufriedne Kind: noch der ruhige Greis unglücklicher, als der heftigstrebende Mann: der Pendul schlägt immer mit gleicher Kraft, wenn er am weitesten ausholt und desto schneller strebt, oder wenn er am langsamsten schwanket, und sich der Ruhe nähert. Indeß ists doch ein ewiges Streben! Niemand ist in seinem Alter allein, er bauet auf das Vorige, dies wird nichts als Grundlage der Zukunft, will nichts als solche seyn — so spricht die

---

*) Der gute ehrliche Montague fing an; der Dialektiker Baile, ein Raisonneur, deßen Widersprüche nach Artikeln seiner Gedankenform des Diktionairs, Crousaz und Leibniz gewiß nicht haben vergüten können, würkte aufs Jahrhundert weiter. Und denn die neuern Philosophen Allanzweifler mit eigenen kühnsten Behauptungen, Voltaire, Hume, selbst die Diderots — es ist das große Jahrhundert des Zweifelns und Wellen erregens.

1) A: flechten   2) A: des

Analogie in der Natur, das redende Vorbild Gottes in allen Werken! offenbar so im Menschengeschlechte! Der Aegypter konnte nicht ohne den Orientalier seyn, der Grieche bauete auf jene, der Römer hob sich auf den Rücken der ganzen Welt — wahrhaftig Fortgang, fortgehende Entwicklung, wenn auch kein Einzelnes dabei gewönne! Es geht ins Große! es wird, womit die Hülsengeschichte so sehr pralet, und wovon sie so wenig zeigt — Schauplatz einer leitenden Absicht auf Erden! wenn wir gleich nicht die letzte Absicht sehen sollten, Schauplatz der Gottheit, wenn gleich nur durch Öffnungen und Trümmern¹ einzelner Scenen.

Wenigstens ist der Blick weiter als jene Philosophie, die unter=über mischt, nur immer hie und da, bei einzelnen Verirrungen sich² aufhält, um alles zum Ameisenspiele, zum Gestrebe einzelner Neigungen und Kräfte ohne Zweck, zum Chaos zu machen, in dem man an Tugend, Zweck und Gottheit verzweifelt! Wenns mir gelänge, die disparatsten Scenen zu binden, ohne sie zu verwirren — zu zeigen, wie sie sich auf einander beziehen, aus einander erwachsen, sich in einander verlieren, alle im Einzelnen nur Momente, durch den Fortgang allein Mittel zu Zwecken — welch ein Anblick! welch edle Anwendung der Menschlichen Geschichte! welche Aufmunterung zu hoffen, zu handeln, zu glauben, selbst wo man nichts, oder nicht alles sieht! — Ich fahre fort — — —³

Zweiter Abschnitt.

Auch die Römische Weltverfaßung erreichte ihr Ende, und je größer das Gebäude, je⁴ höher es stand; mit desto größerm Sturze fiels! die halbe Welt war Trümmer.⁵ Völker und Erd-

---

1) A: Trümmer   2) „sich" fehlt in A.
3) s. den Anhang.   4) A: so (gebeßert aus a)
5) a: fiels und desto weiter umher lagen die Trümmern.

theile hatten unter dem Baume gewohnt, und nun, da die Stimme der heiligen Wächter rief: "Haut ihn ab!" — welch eine große Leere! wie¹ ein Riß im Faden der Weltbegebenheiten! Nichts minder, als eine neue Welt war nöthig, den Riß zu heilen.

Norden wars. Und was man auch nun über den Zustand dieser Völker für Ursprünge und Systeme ersinnen mag: das simpelste scheint das wahreste:² in Ruhe warens gleichsam "Patriarchien wie sie in Norden seyn konnten." Da unter solchem Klima kein Morgenländisches Hirtenleben möglich war, schwerere Bedürfniße hier den Menschlichen Geist mehr drucken, als wo die Natur fast allein für den Menschen würkte; eben die schwerern³ Bedürfniße, und die Nordluft die Menschen aber mehr härtete, als sie im warmen Aromatischen Treibhause Osts und Süds gehärtet werden konnten: natürlich blieb ihr Zustand roher, ihre kleine Gesellschaften getrennter und wilder: aber die Menschlichen Bande noch in Stärke, Menschlicher Trieb und Kraft in Fülle — da konnte das Land werden, was Tacitus beschreibt. Und als dies Nordische Meer von Völkern mit allen Wogen in Bewegung gerieth, Wogen dräugten Wogen, Völker andre Völker: Mauer und Damm um Rom war zerrißen: sie selbst hatten ihnen die Lücken gezeigt und sie herbeigelockt, daran zu flicken — endlich da alles brach, welche Überschwemmung des Süds, durch den Nord, und nach allen Umwälzungen und Abscheulichkeiten, welche neue Nordsüdliche Welt!

Wer den Zustand der Römischen Länder (und sie waren damals das gebildete Universum!) in den letzten Jahrhunderten bemerket, wird diesen Weg der Vorsehung, einen so sonderbaren Ersatz Menschlicher Kräfte zu bereiten, anstaunen und bewundern. Alles war erschöpft, entnervt, zerrüttet: von Mo-

---

1) welch (?)

2) a: Was man auch über den uralten Zustand der Nord Gegenden für Systeme ersinnen mag, so scheint das simpelste allein wahre:

3) A: schwerere (gebeßert aus a; vgl. S. 108⁹. 120⁷)

schen verlaßen, von entnervten Menschen bewohnt, in Üppigkeit, Lastern, Unordnungen, Freiheit und wildem Kriegesstolz untersinkend. Die schönen Römischen Gesetze und Känntniße konnten nicht Kräfte ersetzen, die verschwunden waren, Nerven wiederherstellen, die keinen Lebensgeist fühlten, Triebfedern regen, die da lagen — also Tod! ein abgematteter, im Blute liegender Leichnam — da ward in Norden neuer Mensch gebohren. Unter frischem Himmel, in der Wüste und Wilde, wo es niemand vermuthete, reifte ein Frühling starker, nahrhafter Gewächse, die in die schönern, südlichern Länder — jetzt traurigleere Äcker! — verpflanzt neue Natur annehmen, große Ernte fürs Weltschicksal geben sollten! Gothen, Vandalen, Burgunden, Anglen, Hunnen, Herulen, Franken und Bulgaren, Sklaven und Longobarden kamen — setzten sich, und die ganze neuere Welt vom Mittelländischen zum schwarzen, vom Atlantischen zum Nordmeer, ist ihr Werk! ihr Geschlecht! ihre Verfaßung!¹

Nicht blos Menschenkräfte, auch welche Gesetze und Einrichtungen brachten sie damit auf den Schauplatz der Bildung der Welt! Freilich verachteten sie Künste und Wißenschaften, Üppigkeit und Feinheit — die die Menschheit verheeret hatten; aber wenn sie statt der Künste, Natur: statt der Wißenschaften, gesunden Nordischen Verstand, statt der feinen, starke und gute, obgleich wilde Sitten brachten, und das alles nun zusammen gährte — welch ein Eräugniß! Ihre Gesetze, wie athmen sie männlichen Muth, Gefühl der Ehre, Zutrauen auf Verstand, Redlichkeit und Götterverehrung! Ihre Feudaleinrichtung, wie untergrub sie das Gewühl Volkreicher, üppiger Städte, baute das Land, beschäftigte Hände und Menschen, machte gesunde und eben damit auch vergnügte Leute. Ihr späteres

---

1) a: geben sollten. Es war nehmlich die neue sonderbare Verfaßung aller Länder von der Mittelländischen bis zur Nordsee, vom Atlantischen bis zum schwarzen Meer, die mittere Verfaßung Europas, die wir meistens mit dem weitschweifigen, unbestimmten Wort Gothisch nennen, die aber an Neigungen und Gesetzen, Künsten und Gewohnheiten wie viel begreift!

Ideal über die Bedürfniße hinaus — es ging auf Keusch=
heit und Ehre, veredelte den besten Theil der Menschlichen Nei=
gungen: obgleich Roman, so doch ein hoher Roman: eine wahre
neue Blüthe der Menschlichen Seele.

Bedenke man z. B., was die Menschheit in den Jahrhunderten
dieser Gährung für Erholungsfrist und Kräfteübung dadurch
bekam, daß alles in kleine Verbindungen, Abtheilungen
und Untereinanderordnungen fiel, und so viele, viele Glie=
der wurden! Da rieb sich immer eins am andern, und alles er=
hielt sich in Athem und Kräften. Zeit der Gährung, aber
eben diese hielt so lange den Despotismus ab (der wahre Nacken
der Menschheit, der alles — wie ers nennt, in Ruhe und Ge=
horsam — aber wies ist, in Tod und einförmige Zermalmung
hinabschlingt!) Ists nun besser, ists für die Menschheit gesunder
und tüchtiger, lauter leblose Räder einer großen, hölzernen, ge=
dankenlosen Maschiene hervorzubringen, oder Kräfte zu wecken
und zu regen? Sollts auch durch sogenannte unvollkommene
Verfaßungen, Unordnung, Barbarischen Ehrenpunkt, wilde
Händelsucht und dergleichen seyn — wenns Zweck erreicht, immer
beßer, als lebend todt seyn und modern.

Indeß hatte die Vorsehung für gut befunden, zu dieser neuen
Gährung Nordsüdlicher Säfte noch ein neues Ferment zu
bereiten und zu zumischen — die Christliche Religion. Ich darf
doch bei unserm Christlichen Jahrhunderte nicht erst um Verzeihung
bitten, daß ich von ihr als einer Triebfeder der Welt rede —
betrachte sie ja nur als Ferment, als Sauerteig, zu Gutem
oder zu Bösem — wozu man noch will.

Und da verdient der Punkt, von zween[1] Seiten mißver=
standen, einige Erörterung.

Die Religion der alten Welt, die aus Morgenlande
über Ägypten nach Griechenland und Italien gekommen,
war[2] in allem Betracht ein verduftetes, Kraftloses Ding ge=

---

1) a: zweien   2) a: gekommen war, war

worden, das wahre Caput mortuum deßen, was sie gewesen war und seyn sollte. Wenn man nur die spätere Mythologie der Griechen und die Puppe von Politischer Völkerreligion bei den Römern betrachtet: so brauchts keines Worts mehr. — — Und doch war nun auch fast "kein ander Principium der Tugend" in der Welt! Die Römische Aufopferung fürs Vaterland war von ihrer Höhe gesunken und lag im Morraste der Schwelgerei und Kriegerischer Unmenschlichkeit. Griechische Jugendlehre und Freiheitliebe — wo war sie? Und der alte Ägyptische Geist, wo war er, als Griechen und Römer in ihrem[1] Lande nisteten? Woher nun Ersatz? Philosophie konnte ihn nicht geben: sie war das ausgeartetste Sophistenzeug, Disputirkunst, Trödelkram von Meinungen ohne Kraft und Gewißheit, eine mit alten Lumpen behangene Holzmaschiene ohne Würkung aufs Menschliche Herz, geschweige denn mit[2] der Würkung, ein verfallen Jahrhundert, eine verfallene Welt zu beßern! Und nun sollte Aufbau der Trümmern von Völkern geschehen, die in ihrem Zustande noch Religion nöthig hatten, durch sie allein gelenkt werden konnten, Geist des Aberglaubens in alles mischten. — — Und doch fanden nun diese Völker auf ihrem neuen Schauplatze nichts, als was sie verachteten oder nicht faßen konnten: Römische Mythologie und Philosophie, wie Bildsäulen, und Sittengestalten[3] — und ihre Nordische Religion, ein Rest des Orients auf Nordische Art gebildet, langte nicht hin — hatten eine frischere, würksamere Religion nöthig — siehe da! hatte die Vorsehung sie kurz vorher an einem Orte entstehen laßen, woher man einen Ersatz der ganzen Westlichen Welt[4] am wenigsten hofte. Zwischen den nackten Bergen Judäas!

1) „ihrem" ist grammatisch beziehungsloß; Herder dachte „der Geist der alten Ägypter".
2) „mit" fehlt in A.
3) vgl. a: die Römische Mythologie zerstörten und verachteten sie, wie ihre Bildsäulen, Wißenschaft und Sittengestalten
4) a: einen solchen Ersatz für die Umbildung der ganzen Westlichen Welt

kurz vor dem Umsturz des ganzen unberühmten Volkes, eben in der letzten elendsten Epoche deßelben — auf eine Weise, die allemal wunderbar bleiben wird, entstand sie, erhielt sich, schlug sich eben so sonderbar durch Klüfte und Hölen weiten Weg hin durch¹ — auf einen Schauplatz, der sie² so nöthig hatte! worauf sie so viel, viel gewürkt! — Allemal die sonderbarste Begebenheit der Welt!

Da wars doch nun gewiß ein großes und sehenswürdiges Schauspiel, wie unter Julian die beiden berühmtesten Religionen, die älteste Heidnische und die⁴ neuere Christliche um nichts weniger als Herrschaft der Welt stritten. Religion — das sahe Er und Jedermann! — Religion in aller Stärke des Worts, war seinem verfallnen Jahrhunderte unentbehrlich. Griechische Mythologie und Römische Staatscerimonie — das sahe Er ebenfalls! — war dem Jahrhunderte zu seinen Zwecken nicht zureichend. Er grif also zu allem, wozu er konnte; zur kräftigsten und ältesten Religion, die er kannte, zur Religion des Morgenlandes — regte in ihr alle Wunderkräfte, Zaubereien und Erscheinungen auf, daß sie ganz Theurgie ward; nahm so viel er konnte, Philosophie, Pythagorism und Platonism zu Hülfe, um allem den feinsten Anstrich der Vernunft zu geben — setzte alles auf den Triumphwagen des größten Gepränges, von den zwei unbändigsten Thieren, Gewalt und Schwärmerei gezogen, von der feinsten Staatskunst gelenkt — alles umsonst! sie erlag! sie war verlebt — elender Aufputz⁵ eines todten Leichnams, der nur zu andrer Zeit hatte Wunder thun können: die nackte, neue Christliche Religion siegte!

Man siehet, daß die Sache ein Fremdling betrachtet, der Muselmann und Mammeluke seyn könnte, um eben das zu schreiben. So fahre ich fort.

1) A: hindurch; „weiten Weg hin" fehlt in a.   2) a: ihrer
3) a: und sehr interessantes   4) „die" fehlt in a.
5) a: elendes Aufgeputz

Dieselbe nun, so sonderbar entstandne Religion sollte doch, das ist unleugbar, nach dem Sinne des Urhebers (ich sage nicht, ob sies in der Anwendung jedes Zeitalters geworden?) sie sollte eigentliche Religion der Menschheit, Trieb der Liebe, und Band aller Nationen zu einem Bruderheere werden — ihr Zweck von Anfang zu Ende! Eben so gewiß ists, daß sie (ihre Bekenner mögen späterhin aus ihr gemacht haben, was sie wollten) daß sie die Erste gewesen, die so reine geistige Wahrheiten, und so Herzliche Pflichten, so ganz ohne Hülle und Aberglauben, ohne Schmuck und Zwang gelehret: die das Menschliche Herz so allein, so allgemein, so ganz und ohne Ausnahme hat verbeßern wollen. Alle vorigen Religionen der besten Zeiten und Völker waren doch nur enge National, voll Bilder und Verkleidungen, voll Cerimonien und Nationalgebräuche, an denen immer die wesentlichen Pflichten nur hingen und hinzugefügt waren,[1] kurz Religionen eines Volks, eines Erdstrichs, eines Gesetzgebers, einer Zeit! — diese offenbar in allem das Gegentheil, die lauterste Philosophie der Sittenlehre, die reinste Theorie der Wahrheiten und Pflichten, von allen Gesetzen, und kleinen Landverfaßungen unabhängig, kurz wenn man will, der Menschenliebendste Deismus —

Und sonach gewiß Religion des Weltalls. Es habens andre, und selbst ihre Feinde bewiesen, daß eine solche Religion gewiß nicht zu anderer Zeit, früher oder später hätte aufkeimen oder aufkommen, oder sich einstellen können — man nenne es wie man wolle. Das Menschliche Geschlecht muste zu dem Deismus so viel Jahrtausende bereitet, aus Kindheit, Barbarei, Abgötterei und Sinnlichkeit allmählich hervorgezogen; seine Seelenkräfte durch so viel Nationalbildungen, Orientalische, Ägyptische, Griechische, Römische u. s. w. als durch Stuffen und Zugänge entwickelt seyn, ehe selbst die mindsten Anfänge nur zu Anschauung, Begrif, und Zugestehung des Ideals von Religion und Pflicht und

---

1) a: Pflichten gleichsam als Nebenwerke hinangefügt waren

Völkerverbindung gemacht werden konnten. Auch als Werkzeug allein betrachtet, schiens, daß der Römische Eroberungsgeist vorhergehen muste, überall Wege zu bahnen, einen Politischen Zusammenhang zwischen Völkern zu machen, der voraus unerhört war, auf eben dem Wege Toleranz, Ideen vom Völkerrechte in Gang zu bringen, in dem Umfange voraus unerhört. — Der Horizont ward so erweitert, so aufgeklärt, und da sich nun zehn neue Nationen der Erde auf diesen hellen Horizont stürzten, ganz andre neue Empfänglichkeiten eben für die Religion mitbrachten, sie bedurften, sie allesamt in ihr Wesen verschmelzten — ¹Ferment! wie sonderbar bist du bereitet! und alles auf dich zubereitet! und tief und weitumher eingemischet! hat lang und stark getrieben und gegähret — was wird es noch ausgähren?

Eben das also, worüber man meistens so witzig und Philosophisch spottet, „wo denn dieser Sauerteig, Christliche Religion genannt, rein gewesen? wo er nicht mit Teige eigner, der verschiedensten und oft der abscheulichsten Denkart vermischt worden?" eben das dünkt mich offenbare Natur der Sache. War diese Religion, wie sies würklich ist, der feine Geist, „ein Deismus der Menschenfreundschaft," der sich in kein einzeln Bürgerlich Gesetz mischen sollte; wars jene Philosophie des Himmels, die eben ihrer Höhe und unirrdischer Lauterkeit wegen, ganze Erde umfaßen konnte: mich dünkt, so wars schlechterdings unmöglich, daß der feine Duft seyn, angewandt werden konnte, ohne mit irrdischern Materien vermischt zu werden, und sie gleichsam zum Behikulum zu bedürfen. Das war nun natürlich die Denkart jedes Volks, seine Sitten und Gesetze, Neigungen und Fähigkeiten — kalt oder warm, gut oder böse, Barbarisch oder gebildet — alles, wie es war. Die Christliche Religion konnte und sollte nur durch alles bringen, und wer sich überhaupt von Göttlichen Veranstaltungen in

---

1) a: Sauerteig .... was wird er noch ausgähren?

der Welt und im Menschenreich anders als durch Welt- und
Menschliche Triebfedern Begriffe macht, ist wahrhaftig mehr
zu utopischdichterischen, als zu philosophischnatürlichen
Abstraktionen geschaffen. Wenn hat in der ganzen Analogie
der Natur die Gottheit anders, als durch Natur gehandelt? und
ist darum keine Gottheit, oder ists nicht eben Gottheit, die so all-
ergoßen, einförmig und unsichtbar durch alle ihre Werke würkt?
— Auf einem Menschlichen Schauplatze laß alle Menschliche
Leidenschaften spielen! in jedem Zeitalter sie dem Alter gemäß
spielen! so in jedem Welttheile, in jeder Nation! die Religion soll
nichts als Zwecke durch Menschen und für Menschen be-
würken — Sauerteig oder Schatz: jeder trägt ihn in seinem Gefäße, mischt ihn zu seinem Teige! und je feiner der Duft ist, je
mehr er an sich verflöge, destomehr muß er zum Gebrauch vermischt werden. Ich sehe in der Gegenmeinung keinen Mensch=
lichen Sinn.

Und so war nun auch, blos Physisch und in Menschlichem
Sinne zu reden, eben die Zumischung der Christlichen Religion
die gewählteste, die man sich fast denken kann. Sie nahm sich
bei der täglich überhandnehmenden Noth der Armen an,
daß selbst Julian ihr dies einschmeichelnde Verdienst nicht ableugnen
konnte. Sie ward in noch spätern Zeiten der Verwirrung,
einziger Trost und Zuflucht gegen die allgemeine Bedrängniß (ich rede nicht, wie die Geistlichen das immer ge-
brauchet!) ja, seit die Barbaren selbst Christen waren, wurde sie
allmählich würkliche Ordnung und Sicherheit der Welt. Da
sie die reißende Löwen zähmte, und überwand die Überwinder —
welch ein bequemer Teig um tief einzudringen, weit und
ewig zu würken! Die kleinen Verfaßungen, wo sie alles
umschlingen konnte; die weit abgesonderten Stände, wo sie
gleichsam allgemeiner Zwischenstand ward; die grossen
Lücken der blos Kriegerischen Lehnsverfaßung, wo sie an
Wißenschaften, Rechtspflege, und Einfluß auf die Denk=
art alles ausfüllte, überall unentbehrlich und gleichsam Seele

zu Jahrhunderten wurde, deren Leib nichts als Kriegerischer Geist und sklavischer Ackerbau war — konnte eine andre Seele, als Andacht, die Glieder binden, den Körper beleben? War im Rathe des Schicksals der Körper beschloßen: welche Thorheit, außer dem Geiste der Zeit, über seinen Geist zu wähnen! Es war, dünkt mich, einiges Mittel der Progreßion!

Wem ists nicht erschienen, wie in jedem Jahrhunderte das sogenannte „Christenthum" völlig Gestalt oder Analogie der Verfaßung hatte, mit- oder in der es existirte! wie eben dieselbe Gothische Geist auch in¹ das Innere und Aussere der Kirche eindrang, Kleider und Cerimonien, Lehren und Tempel formte, den Bischoffstab zum Schwert schärfte, da alles Schwert trug, und Geistliche Pfründen, Lehne und Sklaven schuf, weils überall nur solche gab. Man denke sich von Jahrhundert zu Jahrhundert² jene ungeheuren Anstalten von Geistlichen Ehrenämtern, Klöstern, Mönchsorden, endlich später gar Kreuzzügen und der offenbaren Herrschaft der Welt — ungeheures Gothisches Gebäude! überladen, drückend, finster, Geschmacklos — die Erde scheint unter ihm zu sinken — aber wie groß! reich! überdacht! mächtig! — ich rede von einem Historischen Eräugniße! Wunder des Menschlichen Geists und gewiß der Vorsehung Werkzeug.

Wenn mit seinen Gährungen und Reibungen der Gothische Körper überhaupt Kräfte regte: gewiß trug der Geist, der ihn belebte und band, das Seine bei. Wenn durch jene Mischung von hohen Begriffen und Neigungen in Europa ausgebreitet wurde, in der Mischung und in dem Umfange wie nie gewürkt; allerdings war auch sie³ darinne webend. Um ohne mich hier auf die verschiednen Perioden des Geists der mittlern Zeiten einlaßen zu können; wir wollens Gothischen Geist, Nordisches Ritterthum im weitsten Verstande nennen —

---

1) „in" fehlt in A.   2) A: von Jahrhunderte zu Jahrhundert
3) „sie" scheint auf „Vorsehung" zu gehen.

großes Phänomenon so vieler Jahrhunderte, Länder und Situationen.

Gewißermaaßen noch immer „Inbegriff aller der Neigungen, die voraus einzelne Völker und Zeitläufte entwickelt hatten:" sie laßen sich sogar in sie auflösen, aber das würksame Element, das alle band, und zu einer lebendigen Kreatur Gottes machte, ist in jedem Einzeln nicht mehr daßelbe. Väterliche Neigungen, und heilige Verehrung des weiblichen Geschlechts: unauslöschliche Freiheitliebe und Despotismus: Religion und Kriegerischer Geist: pünktliche Ordnung und Feierlichkeit und sonderbarer Hang zur Aventure — das floß zusammen! Orientalische, Römische, Nordische, Saracenische Begriffe und Neigungen! man weiß, wenn? wo? und in welchem Maaße sie jetzt und dort zusammengeflossen sind, und sich modificirt haben. — Der Geist des Jahrhunderts durchwebte und band die verschiedensten Eigenschaften — Tapferkeit und Möncherei, Abentheuer und Galanterie, Tyrannei und Edelmuth; bands zu dem Ganzen, das uns jetzt — zwischen Römern und uns — als Gespenst, als romantisches Abentheuer dasteht; einst wars Natur, war — Wahrheit.

Man hat diesen Geist „der Nordischen Ritterehre" mit den heroischen Zeiten der Griechen verglichen*) — und freilich Punkte der Vergleichung gefunden — Aber an sich bleibt er in der Reihe aller Jahrhunderte, dünkt mich, Einzig! — nur sich selbst gleich! Man hat ihn, weil er, zwischen Römern und Uns — quanti viri! — Uns! steht, so schrecklich verspottet; Andre, von etwas abentheuerlichem Gehirne haben ihn so hoch über alles erhoben — mich dünkt, er ist nichts mehr und minder, als „einzelner Zustand der Welt!" keinem der vorigen zu vergleichen, wie sie mit Vorzügen und Nachtheilen: auf sie gegründet, selbst in ewiger Veränderung und Fortstrebung — ins Große.

---

*) Hurd lettr. on chivalery.

Die dunkeln Seiten dieses Zeitraums stehn in allen Büchern: jeder klaßische Schöndenker, der die Policirung unsres Jahrhunderts fürs non plus ultra der Menschheit hält, hat Gelegenheit ganze Jahrhunderte auf Barbarei, elendes Staatsrecht, Aberglauben und Dummheit, Mangel der Sitten und Abgeschmacktheit — in Schulen, in Landsitzen, in Tempeln, in Klöstern, in Rathhäusern, in Handwerkszünften, in Hütten und Häusern zu schmälen und über das Licht unsres Jahrhunderts, das ist, über seinen Leichtsinn und Ausgelaßenheit, über seine Wärme in Ideen und Kälte in Handlungen, über seine scheinbare Stärke und Freiheit, und über seine würkliche Todesschwäche und Ermattung unter Unglauben, Despotismus und Üppigkeit zu Lobjauchzen. Davon sind alle Bücher unsrer Voltäre und Hume, Robertsons und Iselins voll, und es wird ein so schön Gemälde, wie sie die Aufklärung und Verbeßerung der Welt aus den trüben Zeiten des Deismus und Despotismus der Seelen d. i. zu Philosophie und Ruhe herleiten — daß dabei jedem Liebhaber seiner Zeit das Herz lacht!

Alle das ist wahr und nicht wahr. Wahr, wenn man, wie ein Kind, Farbe gegen Farbe hält, und ja ein helles, lichtes Bildchen haben will — in unserm Jahrhundert ist leider! so viel Licht! — Unwahrheit,¹ wenn man die damalige Zeit in ihrem Wesen und Zwecken, Genuß und Sitten, insonderheit als Werkzeug im Zeitlaufe betrachtet. Da lag in diesen dem Scheine nach gewaltsamen Anstalten² und Verbindungen oft ein Vestes, Bindendes, Edles und Großherrliches, das wir mit unserm Gottlob! feinen Sitten, aufgelösten Zünften und dafür gebundnen Ländern, und angebohrner Klugheit und Völkerliebe bis ans Ende der Erde, fürwahr weder fühlen noch kaum mehr fühlen können. Siehe, du spottest über die damalige Knecht-

---

1) a: Wahr, wenn man . . . Farbe gegen Farbe setzt und unserm Jahrhundert nichts als die glänzende Seite gegensetzt, ohne auf einen andre Blick zu werfen. Völlig unwahr aber,

2) A: Auftritten (gebeßert aus a)

schaft, über die rohen Landsitze des Adels, über die vielen kleinen Inseln und Unterabtheilungen, und was davon abhing — preisest nichts so sehr, als die Auflösung dieser Bande, und weißt kein grösseres Gut, was je der Menschheit geschehen, als da Europa und mit ihm die Welt frei wurde. Frei wurde? süsser Träumer! wenns nur das, und das nur wahr wäre! Aber nun siehe auch, wie durch den Zustand in jenen Zeiten Dinge ausgerichtet wurden, über die sonst alle menschliche Klugheit hatte verblöden müssen: Europa bevölkert und gebauet: Geschlechter und Familien, Herr und Knecht, König und Unterthan drang stärker und näher an einander: die so genannten rohen Landsitze hinderten das üppige ungesunde Zunehmen der Städte, dieser Abgründe für die Lebenskräfte der Menschheit: der Mangel des Handels und der Feinheit verhinderte Ausgelassenheit und erhielt simple Menschheit — Keuschheit und Fruchtbarkeit in Ehen, Armuth und Fleiß und Zusammendrang in Häusern. Die rohen Zünfte und Freiherrlichkeiten, machten Ritter- und Handwerksstolz, aber zugleich Zutrauen auf sich, Festigkeit in seinem Kreise, Mannheit auf seinem Mittelpunkte, wehrte, der ärgsten Plage der Menschheit, dem Land- und Seelenjoche, unter das offenbar, seitdem alle Inseln aufgelöst sind, alles mit froh und freiem Muthe sinkt. Da konnten in etwas spätern Zeiten denn soviel kriegerische Republiken und wehrhafte Städte werden! erst waren die Kräfte gepflanzt, genährt und durch Reiben erzogen, von denen im traurigen Reste ihr noch jetzo lebt. Hätte euch der Himmel die Barbarischen Zeiten nicht vorhergesandt und sie so lange unter so mancherlei Würfen und Stößen erhalten — armes, delicirtes Europa, das seine Kinder frißt oder relegiret, wie wärest du mit alle deiner Weisheit — Wüste!

„Daß es jemanden in der Welt unbegreiflich wäre, wie Sitzt die Menschen nicht nährt! Ruhe und Üppigkeit und so genannte Gedankenfreiheit nie allgemeine Glückseligkeit und Bestimmung seyn kann!" Aber Empfindung, Bewegung, Hand-

lung — wenn auch in der Folge ohne Zweck, (was hat auf d..
Bühne der Menschheit ewigen Zweck?) wenn auch mit Stö[ßen]
und Revolutionen, wenn auch mit Empfindungen, die hie un[d]
da schwärmerisch, gewaltsam, gar abscheulich werden — e[in]
Werkzeug in den Händen des Zeitlaufs, welche Ma[sse]
welche Würkung! Herz und nicht Kopf genährt! mit Neigunge[n]
und Trieben alles gebunden, nicht mit kränkelnden Gedanke[n]
Andacht und Ritterehre, Liebeskühnheit und Bürgersi[nn]
— Staatsverfaßung und Gesetzgebung, Religion. — I[ch]
will nichts weniger, als die ewigen Völkerzüge und Verwüstung[en]
Vasallenkriege und Befehdungen, Mönchsheere, Wallfahrten, Kre[uz]
züge vertheidigen: nur erklären möchte ich sie: wie in allem d[er]
Geist hauchet! Gährung Menschlicher Kräfte. Große K[räfte]
der ganzen Gattung durch gewaltsame Bewegung, und w[enn]
ich so kühn reden darf, das Schicksal zog, (allerdings mit gro[ßem]
Getöse, und ohne daß die Gewichte da ruhig hangen kounten) d[ie]
große abgelaufne Uhr auf! da raßelten also die Räder!

Wie anders sehe ich die Zeiten in dem Lichte! wie viel ihne[n]
zu vergeben,[1] da ich sie selbst ja immer im Kampfe gege[n]
Mängel, im Ringen zur Verbeßerung, und sie wahrh[eit]
mehr als eine andere, sehe! wie viel Lästerungen geradezu fal[sch]
und übertrieben, da ihr Mißbräuche entweder angedichtet w[erden]
aus fremden Hirn, oder die damals weit milder und unve[r]
meidlicher waren, sich mit einem gegenseitigen Guten kompe[n]
sirten, oder die wir schon jetzt offenbar als Werkzeuge zu groß[en]
Guten in der Zukunft, woran sie selbst nicht dachten, wa[hr]
nehmen. Wer liest diese Geschichte, und ruft nicht oft: Ne[i]
gungen und Tugenden der Ehre und Freiheit, der Lie[be]
und Tapferkeit, der Höflichkeit und des Worts, wo seyd i[hr]
geblieben! eure Tiefe verschlämmet! eure Veste, weicher Sa[nd]
boden voll Silberkörner, wo nichts wächst! Wie es auch [sei]
gebt uns in manchem Betracht eure Andacht und Aberglaub[en]
Finsterniß und Unwißenheit, Unordnung und Rohigk[eit]

---

1) a: wie viel ferne ich ihr [nämlich: der Zeit] vergeben!

der Sitten, und nehmt unser Licht und Unglauben, unsre entnervte Kälte und Feinheit, unsre Philosophische Abgespanntheit und Menschliches Elend! — Übrigens aber freilich muß Berg und Thal gränzen, und das dunkle veste Gewölbe konnte — nichts anders seyn als dunkles vestes Gewölbe — Gothisch!

Riesenschritt im Gange des Menschlichen Schicksals! Nähmen wirs blos, daß Verderbniße vorhergehen, um Verbeßerung, Ordnung hervorzubringen — ein grosser Schritt! Um das Licht zu geben, war so grosser Schatte nöthig: der Knote mußte so vest zugezogen werden, damit nachher die Entwicklung erfolge: mußte es nicht gähren, um den Hefenlosen, reinen Göttlichen Trank zu geben? — mich dünkt, das folgte unmittelbar aus „der Lieblingsphilosophie" des Jahrhunderts. Da könnt ihr ja herrlich beweisen, wie so viel Ecken erst haben müßen gewaltsam¹ abgerieben werden, ehe das runde, glatte, artige Ding erscheinen konnte, was wir sind! wie in der Kirche so viel Gräuel, Irrthümer, Abgeschmacktheiten und Lästerungen vorhergehen, alle die Jahrhunderte nach Verbeßerung ringen, schreien und streben musten, ehe eure Reformation, oder lichte, hellglänzende Deismus entstehen konnte. Die üble Staatskunst muste das Rad all ihrer Übel und Abscheulichkeiten durchlaufen, eh unsre „Staatskunst" im ganzen Umfange des Worts, erscheinen durfte, wie die Morgensonne aus Nacht und Nebel. — Noch immer also schönes Gemälde, Ordnung und Fortgang der Natur, und du glänzender Philosoph ja allem auf den Schultern!

Aber kein Ding im ganzen Reiche Gottes kann ich mich doch überreden! ist allein Mittel — alles Mittel und Zweck zugleich, und so gewiß auch diese Jahrhunderte. War die Blüthe des Zeitgistes, „der Rittersinn," an sich schon ein Produkt der ganzen Vergangenheit, in der gediegenen Form des Nordlands: war die Mischung von Begriffen der Ehre und der Liebe und der Treue und Andacht und Tapferkeit und Keuschheit, die jetzt Ideal war, voraus unerhört gewesen; siehe damit, gegen die alte

---

1) A: gewaltig

Welt gehalten, da die Stärke jedes einzelnen National
charakters verlohren gangen war, siehe eben in dieser Mischung,
Ersatz und Fortgang ins Grosse. Von Orient bis Rom wa[r]
Stamm: jetzt gingen aus dem Stamme Äste und Zweige; k[ein]
an sich Stammvest, aber ausgebreiteter, luftiger, höher! B[ei]
aller Barbarei waren die Känntniße, die man scholastisch [be]
handelte, feiner und höher: die Empfindungen, die man ba[r]
barisch und Pfaffenmäßig anwandte, abstrahirter und höh[er:]
aus beiden floßen die Sitten, das Bild jener. Von solch[er]
Religion, so elend sie immer aussah, hatte doch kaum ein J[ahr]
alter vorher gewußt: selbst das Feinere der Türkischen Religi[on]
was unsre Deisten ihr so hoch anrechnen, war nur „durch d[ie]
Christliche Religion" entstanden, und selbst die elendst[en]
Spitzfündigkeiten der Möncherei, die romanhaftesten Phanta[si]
reien zeigen, daß Feinheit und Gewandtheit gnug in der W[elt]
war, dergleichen auszudenken, zu faßen: daß man würklich sch[on]
anfing in so feinem Elemente zu athmen. Pabstthum hätte d[a]
nie in Griechenland und dem alten Rom exsistiren können,
nicht blos aus den Ursachen, die man gewöhnlich ansieht, sond[ern]
würklich auch der uralten Simplicität wegen, weil zu dergleich[en]
raffinirten System noch kein Sinn, kein Raum war: und Pa[bst]
thum des alten Ägyptens war wenigstens gewiß eine weit größ[er]
und plumpere Maschiene. Solche Regierungsformen, bei all[em]
Gothischen Geschmacke, hatten sie doch kaum vorher noch exsistir[t]
mit der Idee von Barbarischer Ordnung vom Element he[r]
auf bis zum Gipfel, mit den immer veränderten Versuch[en]
alles zu binden, daß es doch nicht gebunden wäre. — D[er]
Zufall oder vielmehr roh und freiwürkende Kraft erschöpfte sich i[n]
kleinen Formen der grossen Form, wie sie ein Politiker kau[m]
hätte ausdenken können: Chaos, wo alles nach neuer höher[er]
Schöpfung strebte, ohne zu wißen, wie? und welcher Gestalt?
— Die Werke des Geistes und des Genies aus diesen Ze[iten]
sind gleicher Art, ganz des zusammengesetzten Duftes aller Z[ei]
ten voll: zu voll von Schönheiten, von Feinheiten, von E[r]

findung, von Ordnung, als daß es Schönheit, Ordnung, Erfindung bleibe — sind, wie die Gothischen Gebäude! Und wenn sich der Geist bis auf die kleinsten Einrichtungen und Gebräuche erstreckt — ists unrecht, wenn in diesen Jahrhunderten noch immer Krone des alten Stamms erschiene! (nicht Stamm mehr, das sollts und konnts nicht seyn, aber Krone!) Eben das nicht-Eine, das Verwirrte, der reiche Überfluß von Ästen und Zweigen; das macht seine Natur! da hangen die Blüthen von Rittergeist, da werden, wenn der Sturm die Blätter abtreibt, einst die schönern Früchte hangen.

So viele Brüdernationen und keine Monarchie auf der Erde! — Jedweder Ast von hier gewißermaaße ein Ganzes — und trieb seine Zweige! alle trieben neben einander, flochten, worren sich, jedes mit seinem Safte. — Diese Vielheit von Königreichen! dies Nebeneinanderseyn von Brudergemeinden; alle von einem Deutschen Geschlechte, alle nach einem Ideal der Verfaßung, alle im Glauben einer Religion, jedes mit sich selbst und seinen Gliedern kämpfend, und von einem heiligen Winde, dem Päbstlichen Ansehen, fast unsichtbar aber sehr durchdringend getrieben und beweget — wie ist der Baum erschüttert! auf Kreuzzügen und Völkerbekehrungen, wohin hat er nicht Äste, Blüthe und Zweige geworfen! — Wenn die Römer bei ihrer Unterjochung der Erde den Völkern, nicht auf dem besten Wege, zu einer Gattung „von Völkerrecht und allgemeiner Römererkennung" hatten helfen müßen: das Pabstthum mit alle seiner Gewaltsamkeit ward in der Hand des Schicksals Maschiene zu einer „noch höhern Verbindung, zur allgemeinen Erkennung seyn sollender Christen! Brüder! Menschen!" Das Lied stieg durch Mißklänge und kreischende Stimmungen gewiß in höhern Ton: gewiße mehrere gesammlete, abstrahirte, gegährte Ideen, Neigungen und Zustände breiteten sich über die Welt hin — wie schoß der eine alte simple Stamm des Menschengeschlechts in Äste und Zweige!

* * *

Endlich folgte, wie wir sagen, die Auflösung, die Entwickelung: lange ewige Nacht klärte sich in Morgen auf: es ward Reformation, Wiedergeburt der Künste, Wißenschaften, Sitten! — Die Hefen sanken; und es ward — unser Denken! Kultur! Philosophie! on commençoit à penser comme nous pensons aujourd'hui: on n'étoit plus barbare.

Keinen Zeitpunkt der Entwickelung des Menschlichen Geistes hat man schöner beschrieben als diesen! Da alle unsre Geschichten, Discours préliminaires zur Encyklopädie alles Menschlichen Wißens, und Philosophien darauf weisen,*) und von Ost und West, von Anbeginn und gestern alle Fäden, die gezogen sind, oder wie Herbstspinneweben im Kopfe flattern, darauf als auf den höchsten Gipfel Menschlicher Bildung zu ziehen wißen: und da das System nun schon so glänzend, berühmt, lieblich angenommen und vollkommen ausgemacht ist: so wage ich nichts hinzuzusetzen — ich lege blos einige kleine Anmerkungen neben an.

Zuerst muß ich zum überhohen Ruhm des Menschlichen Verstandes**) sagen, daß immer weniger Er, wenn ich so sagen darf, als ein blindes Schicksal, was die Dinge warf und lenkte, an dieser allgemeinen Weltveränderung würkte. Entweder warens so große, gleichsam hingeworfene Begebenheiten, die über alle Menschliche Kräfte und Aussichten gingen, denen sich die Menschen meistens widersetzten, wo niemand die Folge, als überlegten Plan, träumte; oder es waren kleine Zufälle, mehr Funde, als Erfindungen, Anwendungen einer Sache, die man lange gehabt, und nicht gesehen, nicht gebraucht hatte — oder gar nichts als simple Mechanik, neuer Kunstgriff, Handwerk! das die Welt änderte — Philosophen des achtzehnten Jahrhunderts

---

*) Hume Geschichte von Engl. und Vermischte Schr.; Robertsons Gesch. von Schottland und Carl V.; D'Alembert mélanges littérature et de philos., Iselins Gesch. der Menschheit Th. 2., Vermischte Schriften, und was dem nachhinkt und nachlallet.

**) Gloire de l'esprit humain, ses progrés, révolutions, son développement, sa création etc.

wenn das ist, wo bleibt eure Abgötterei gegen den Menschlichen Geist?

Wer legte hier Venedig an diesem Platze, unter dem tiefsten Bedrängniß der Noth an? und wer überdachte, was dies Venedig, allein an diesem Platze, ein Jahrtausend hindurch, allen Völkern der Erde seyn konnte und sollte? Der diesen Sund von Inseln in den Morrast warf, der diese wenigen Fischer dahinleitete, war derselbe, der das Saamenkorn fallen läßt, das zu der Zeit und an dem Orte eine Eiche werde; der die Hütte an die Tiber pflanzte, daß Rom, das ewige Haupt der Welt daraus würde. Eben derselbe ists, der jetzt Barbarn hinzuführt, daß sie die Litteratur der ganzen Welt, die Bibliothek zu Alexandrien (gleichsam ein versinkendes Welttheil!) vernichtigen, jetzt eben dieselbe hinzuführt, daß sie einen kleinen Rest Litteratur erbetteln, erhalten, und auf einer ganz andern Seite, auf Wegen, die niemand geträumt oder gewünscht hatte, nach Europa bringen sollten. Eben derselbe, der jetzt durch sie an einer andern Seite eine Kaiserstadt zerstören läßt, daß die Wißenschaften, die da niemand suchte und die da so lange müßig waren, nach Europa fliehen — Alles ist großes Schicksal! von Menschen unüberdacht, ungehoft, unbewürkt — siehst du Ameise nicht, daß du auf dem großen Rade des Verhängnißes nur kriechest?

Wenn wir in die Umstände des Ursprungs aller sogenannten Welterleuchtungen näher eindringen: die nehmliche Sache. Dort im Großen hier im Kleinen, Zufall, Schicksal, Gottheit! Was jede Reformation anfing, waren Kleinigkeiten; die nie so gleich den großen ungeheuren Plan hatten, den sie nachher gewannen; so oft es gegentheils vorher der große, würklich überlegte, Menschliche Plan gewesen war: so oft mißlang er. Alle eure große Kirchenversammlungen, ihr Kaiser! Könige! Kardinäle und Herren der Welt! werden nimmermehr nicht ändern, aber dieser unfeine, unwißende Mönch, Luther solls ausrichten! Und das von Kleinigkeiten, wo er selbst nichts weniger, als so weit denkt! durch Mittel, wo nach der Weise unsrer Zeit, Philosophisch ge-

sprochen, nie so was auszurichten war! meistens er selbst das
wenigste ausrichtend, nur daß er andre anstieß, Reformatoren
in allen andern Ländern weckte, er aufstand und sagte „ich be-
wege mich! darum gibts Bewegung!" Dadurch ward, was geworden ist — Veränderung der Welt! Wie oft waren solche Luthers
früher aufgestanden und — untergegangen: der Mund ihnen mit
Rauch und Flammen gestopft, oder ihr Wort fand noch keine freie
Luft, wo es tönte — aber nun ist Frühling: die Erde öfnet
sich, die Sonne brütet und tausend neue Gewächse gehen hervor —
Mensch, du warst nur immer, fast wider deinen Willen, ein kleines
blindes Werkzeug.

„Warum ist nicht, ruft der sanfte Philosoph, jede solche
Reformationen lieber! ohne Revolution geschehen? Man hätte
den Menschlichen Geist nur sollen seinen stillen Gang gehen
laßen, statt daß jetzt die Leidenschaften im Sturme des Handelns
neue Vorurtheile gebahren, und man Böses mit Bösem verwech-
selte" — — Antwort! weil so ein stiller Fortgang des Menschlichen Geistes zur Verbeßerung der Welt kaum etwas anders als
Phantom unsrer Köpfe, nie Gang Gottes in der Natur ist.
Dies Saamenkorn fällt in die Erde! da liegts und erstarrt; aber
nun kommt Sonne es zu wecken: da bricht auf: die Gefäße
schwellen mit Gewalt auseinander: es durchbricht den Boden —
so Blüthe, so Frucht — kaum die garstige Erdpilze wächst, wie du
träumest. Der Grund jeder Reformation war allemal eben so
ein kleines Saamenkorn, fiel still in die Erde, kaum der Rede
werth: die Menschen hattens schon lange, besahens und ach-
tens nicht — aber nun sollen dadurch Neigungen, Sitten,
eine Welt von Gewohnheiten geändert, neugeschaffen werden
— ist das ohne Revolution, ohne Leidenschaft und Bewegung
möglich? Was Luther sagte, hatte man lange gewußt; aber jetzt
sagte es Luther! Roger Baco, Galiläi, Cartes, Leibniz,
da sie erfanden, wars stille: es war Lichtstral — aber ihre E-

---

1) a: Cartes, [Newton,] Leibniz.

findungen sollten durchbrechen, Meinungen wegbringen, die Welt ändern — es ward Sturm und Flamme. Habe immer der Reformator auch Leidenschaften gehabt, die die Sache, die Wißenschaft selbst nicht foderte, die Einführung der Sache foderte sie, und eben daß er sie hatte, gnug hatte, um jetzt durch ein Nichts zu kommen, wozu ganze Jahrhunderte durch Anstalten, Maschienerien und Grübeleien, nicht hatten kommen können — eben das ist Kreditiv seines Berufs!

"Meist nur simple Mechanische Erfindungen, die man zum Theil längst gesehen, gehabt, damit gespielt, die aber jetzt durch einen Einfall so und nicht anders angewandt, die Welt veränderten." So z. E. die Anwendung des Glases zur Optik, des Magnets zum Kompaße, des Pulvers zum Kriege, der Buchdruckerkunst für die Wißenschaften, des Calculs zu einer ganz neuen Mathematischen Welt[1] — und alles nahm andre Gestalt an. Man hatte das Werkzeug verändert, einen Platz außer der alten Welt gefunden, und so rückte man diese fort.

Geschütz erfunden: und siehe! die alte Tapferkeit der Theseus, Spartaner, Römer, Ritter und Riesen weg — der Krieg anders und wie viel anders mit diesem andern Kriege!

Buchdruckerei erfunden! und wie sehr die Welt der Wißenschaften geändert! erleichtert und ausgebreitet! licht und flach worden! Alles kann lesen, buchstabieren — alles was lesen kann, wird gelehrt.

Mit der kleinen Nadel auf dem Meer — wer kann die Revolutionen in allen Welttheilen zählen, die damit bewürkt sind. Länder gefunden, so viel größer als Europa! Küsten erobert voll Gold, Silber, Edelsteine, Gewürz und Tod! Menschen in Bergwerke, Sklavenmühlen und Lasterfitten hineinbekehrt oder hinein kultiviert![2] Europa entvölkert, mit Krankheiten und Üppigkeit an ihren geheimsten Kräften verzehrt — wer kann zählen! wer beschreiben! Neue Sitten, Neigungen, Tugenden, Laster —

---

1) a: des Calculs auf die Welt des Unendlichen
2) a: Menschen in Bergwerke und Sklavenmühlen hineinlehret und kultivirt!

wer kann zählen und beschreiben? Das Rad, in dem sich seit drei
Jahrhunderten die Welt bewegt, ist unendlich — ¹und woran
hings? was stieß es an? die Nadelspitze, zwei oder drei
Mechanischer Gedanken!

II. Eben daher muß folgen, daß ein großer Theil dieser so
genannten neuen Bildung selbst würkliche Mechanik sei; näher
untersucht — wird diese, wie sehr neuerer Geist! Wenn meistens
neue Methoden in jeder Art und Kunst die Welt veränderten —
neue Methoden entübrigten Kräfte, die voraus nöthig waren,
sich aber jetzt (denn jede ungebrauchte Kraft schläft!) mit der Zeit
verlohren. Gewiße Tugenden der Wißenschaft, des Krieges,
des Bürgerlichen Lebens, der Schiffart, der Regierung —
man brauchte sie nicht mehr: es ward Maschiene, und die Maschiene
regiert nur Einer. Mit einem Gedanken! mit einem Winke! —
dafür schlafen auch wie viel Kräfte! Geschütz erfinden, und da
mit welche Nerve roher Körperlicher Kriegsstärke, und Seelen
kriegsstärke, Tapferkeit, Treue, Gegenwart in einzelnen Fällen,
Ehregefühl der alten Welt ermattet! Das Heer ist eine gedingte
Gedanken-Kraft.² Willenlose Maschiene geworden, die ein Mann
in seinem Haupte lenkt, und die er nur als Pantin der Be
wegung,³ als eine lebendige Mauer bezahlt, Kugeln zu werfen und
Kugeln aufzufangen. Im Grunde also, würde ein Römer und
Spartaner vielleicht sagen, Tugenden im innersten Heerde des Her
zens weggebrannt, und verwelkt ein Kranz Militärischer Ehre —
und was ist an der Stelle? Der Soldat ist erster Lohndiener des
Staats in Heldenlivrey⁴ — siehe seine Ehre und Beruf! Er ist
und mit leichter Mühe die Reste von einzelnen Existenzen
gesprengt: die Altgothische Freiheit- Stände- Eigenthum-
form,⁵ das elende Gebäude in schlechtem Geschmack! in Grund

1) a: Alles in allen Welttheilen hängt beinahe an der Nadel
zweier oder drei Europäischen Gedanken! —
2) A: Gedankenkraft= (gebeßert aus a)
3) „nur — Bewegung," noch nicht in a.
4) a: Lohndiener des Despotismus in Staatslivrerei
5) A: Freiheitstände: Eigenthumsformen, (gebeßert aus a)

schoßen und zerstört, wird in seinen kleinen Trümmern so dicht blokirt, daß Land, Einwohner, Bürger, Vaterland manchmal wohl etwas,[1] aber Herr und Knecht, Despot und Livreyendiener jedes Amts, Berufs und Standes, vom Bauer bis zum Minister und vom Minister zum Priester, alles ist. Heißt Landeshoheit,[2] verfeinte Staatskunst! neue Philosophische Regierungsart! — ists auch würklich Fürstenhut und Krone der neuern Jahrhunderte! — Worauf sie aber nur ruhen![3] — wies der berühmteste Sonnenadler auf allen Münzen zeigt — auf Trommeln, Fahnen, Kugeln und immerfertigen Soldatenmützen.[4]

Der Geist der neuern Philosophie — daß er auf mehr als eine Art Mechanik seyn müße, zeigt, denke ich, der meiste Theil seiner Kinder. Bei Philosophie und Gelehrsamkeit ist wie unwißend und unkräftig in Sachen des Lebens und des gesunden Verstandes! Statt, daß in den alten Zeiten der Philosophische Geist nie für sich allein bestand, von Geschäften ausging und zu Geschäften eilte, also auch nur Zweck hatte, volle, gesunde, würkende Seelen zu schaffen, seit er allein stehet und Handwerk geworden — ist er Handwerk. Der wievielste Theil von euch betrachtet Logik, Metaphysik, Moral, Physik, als was sie sind — Organe der Menschlichen Seele, Werkzeuge, mit denen man würken soll! Vorbilder von Gedankenformen, die nur unsrer Seele eine ihr eigne schönere Gedankenform geben sollen — dafür schlägt man Mechanisch seine Gedanken dahin ein, spielt und gaukelt — der abentheuerlichste Bursche von Klopffechter! Er tanzt mit dem Degen auf dem Akademischen Seile zur Bewundrung und Freude aller, die ringsum sitzen, und dem großen Künstler jauchzen, daß er nicht Hals und Bein breche — das ist seine Kunst. Ein Geschäft auf der Welt, wollt ihrs übel besorgt

---

1) a: wohl nichts mehr,   2) A: Landeshoheit!
3) Das in A angehängte Druckfehlerverzeichniß verlangt fälschlich die Streichung von „aber nur".
4) vgl. a: der Fürstenhut und die Landeshoheit der neuern Jahrhunderte ruht auf Kugeln und fertigen Soldatenmützen.

haben, so gebts dem Philosophen! Auf dem Papier wie rein! wie sanft! wie schön und groß; Heillos im Ausführen! bei jedem Schritte staunend und starrend vor ungesehenen Hindernißen und Folgen. Das Kind indeß war würklich großer Philosoph, konnte rechnen, und mit Syllogismen, Figuren und Instrumenten geläufig, oft so glücklich spielen, daß neue Syllogismen, Resultate, und sogenannte Entdeckungen herauskamen — die Frucht, die Ehre, der Gipfel des Menschlichen Geistes! — durch Mechanisches Spiel!

Das war die schwerere Philosophie — und nun die leichte, die schöne! Gottlob! was ist Mechanischer, als diese. In Wißenschaften, Künsten, Gewohnheiten, Lebensart, wo sie hineingedrungen, wo sie Saft und Blüthe des Jahrhunderts ist, was Mechanischer als sie? Eben das alte Herkommen, das sinnlose Vorurtheil von Lernen, Langsamreisen, Tiefeindringen und Spätbeurtheilen hat sie ja wie ein Joch vom Halse geworfen! hat in unsre Gerichtsschranken, statt kleiner, staubichter, detaillirter Känntniße, wo jeder Vorfall als der behandelt und untersucht werden soll, der er ist — hat darin welch schönes, leichtes, freies Urtheil gebracht, nach zwei Vorfällen alles zu meßen und abzuthun! über das Individuelle, worin allein Species facti besteht, hinüber, sich am hellen, vortreflichen Allgemeinen zu halten — statt Richter — (Blüthe des Jahrhunderts!) — Philosoph zu seyn: hat in unsre Staatswirthschaft und Regierungskunde, statt mühsam erlangter Känntniße von Bedürfnißen und wahrer Beschaffenheit des Landes, welchen Adlersblick! welche Ansicht des Ganzen gebracht, wie auf einer Landcharte und Philosophischen Tabelle! Grundsätze durch den Mund Montesquieus entwickelt, aus und nach welchen hundert verschiedene Völker und Erdstriche, aus dem Stegreif nach dem Ein mal Eins der Politik in zwei Augenblicken berechnet werden. — — So alle schöne Künste, Handwerke und beinah die kleinsten Tagelöhnereien — wer braucht in ihrer Tiefe, mühsam, wie in einem Gewölbkeller umher zu klettern, zu arbeiten?

Man raisonnirt! Wörterbücher und Philosophien über alle, ohne eine einzige mit dem Werkzeug in der Hand zu verstehen: sind allesammt abregé raisonné ihrer vorigen Pedanterie geworden — abgezogner Geist! Philosophie aus zwei Gedanken, die Mechanischte Sache von der Welt.[1]

Darf ich beweisen, was der neuere Witz für eine edle Mechanische Sache sey? Gibts eine gebildetere Sprache und Periodenform d. i. einen engern Leisten der Gedanken, der Lebensart, des Genies und Geschmacks, als bei dem Volke, von dem er sich unter hundert Gestalten am glänzendsten in der Welt verbreitet hat? Welch ein Schauspiel ist mehr Marionette eines schönen Regelmaaßes — welche Lebensart mehr Afferei einer leichten Mechanischen Höflichkeit, Lustigkeit und Wortzierde — welche Philosophie mehr das Ausgekramte weniger Sentiments, und eine Behandlung aller Dinge in der Welt nach diesen Sentiments geworden, als die —? Affen der Humanität, des Genies, der Frölichkeit, der Tugend, und eben weil sie nichts, als das sind, und so leicht nachgeäfft werden können, sind sies für ganz Europa. —

III. Daher wird denn nun wohl begreiflich, zu welchem Mittelpunkte die Bildung hinstrebe, und immer hingelenkt werde: „Philosophie! Gedanke! — leichtere Mechanik! Raisonnement, das sich bis auf die Grundsäulen der Gesellschaft erstreckt, die sonst nur[2] standen und trugen!" Und auch da kann ichs in zweierlei Betracht kaum begreifen, wie das so allgemein und einzig für den Gipfel und Zweck aller Menschlichen Bildung, alles Glücks, alles Guten verraisonnirt werden könne? Ist denn der ganze Körper bestimmt zu sehen? und muß, wenn Hand und Fuß Auge und Gehirn seyn will, nicht der ganze Körper leiden? Raisonnement zu unvorsichtig, zu unnütz verbreitet — obs nicht Neigung, Trieb, Thätigkeit zu leben, schwächen könnte und würklich geschwächt habe? —

---

1) s. den Anhang.
2) a: die sonst nicht dachten, nur

Allerdings mag nun wohl diese Ermattung dem Geist mancher Länder bequem seyn: ermattete Glieder müßen fort, haben keine Kräfte als — etwa zum Gegendenken.¹ Jedes Rad bleibt aus Furcht, oder Gewohnheit oder Üppigkeit und Philosophie an der Stelle, und was ist nun so manche große philosophisch regierte Heerde, als ein zusammengezwungner Haufe — Vieh und Holz! Sie denken! man breitet Denken vielleicht unter sie aus — bis auf einen Punkt: damit sie sich von Tage zu Tage mehr als Maschiene fühlen, oder nach gegebenen Vorurtheilen fühlen, knirschen lernen und fort müßen — Sie knirschen — ei doch, sie können nichts als knirschen: und laben sich mit Freidenken Das liebe, matte, ärgerliche, unnütze Freidenken, Ersatz für alles, was sie vielleicht mehr brauchten — Herz! Wärme! Blut! Menschheit! Leben!

Nun rechne ein jeder. Licht unendlich erhöht und ausgebreitet: wenn Neigung, Trieb zu leben ungleich geschwächet ist! Ideen von allgemeiner Menschen- Völker- und Feindesliebe erhöht: und warmes Gefühl der Vater-Mutter-Bruder-Kindes-Freundesneigungen unendlich geschwächet! Grundsätze der Freiheit, Ehre, Tugend so weit verbreitet, daß sie jeder aufs helleste anerkennet, daß in gewißen Ländern jedermann bis zum Geringsten auf Zung und Lippen hat — und jeder von ihnen² zugleich mit den ärgsten Ketten der Feigheit, Schande, Üppigkeit, Kriecherei und elender Planlosigkeit gebunden. Handgriffe und Erleichterungen unendlich verbreitet — aber alle die Handgriffe gehen in die Hand Eines oder Etlicher zusammen, der allein denkt: der Maschine ist die Lust zu leben, zu würken, Menschlich edel und gutthätig vergnügt zu leben, verschwunden: lebt sie mehr? Im ganzen und im kleinsten Theile, der einzige Gedanke des Meisters.

Ist dies nun das schöne Ideal vom Zustande, zu dem wir durch alles hingebildet sind, das sich immer weiter in Europa

---

1) a: keine Kräfte zur Gegenwehr, kaum mehr zum Gegengedanken
2) a: jeder von uns

ausbreitet, das in alle Welttheile hinschwimmet, und alles policiren will, zu seyn, was wir sind — Menschen? Bürger eines Vaterlands? Wesen für sich etwas zu seyn in der Welt? Vielleicht! wenigstens und gewiß aber allesamt nach Anzahl, Bedürfnißen, Zweck und Bestimmung politischer Calcul: jeder in der Uniform seines Standes, Maschine!¹ Da stehen nun jene glänzende Marktplätze zur Bildung der Menschheit, Kanzel und Schauplatz, Säle der Gerechtigkeit, Bibliotheken, Schulen und ja insonderheit die Kronen aller: illustre Akademien! Zu welchem Glanz! zum ewigen Nachruhm der Fürsten! zu wie großen Zwecken der Bildung und Aufklärung der Welt, der Glückseligkeit der Menschen! herrlich eingeweihet — was thun sie denn? was können sie thun? — sie spielen!

IV. Also von einigen der berühmtesten Mittel, die, die Ehre unsres Jahrhunderts! den schöpferischen Plan haben, „Menschheit zu bilden" — Ein Wort! Wir kommen damit wenigstens zu einer sehr praktischen Seite des Buchs.²

Ist nicht vom Anfange an, vergebens geschrieben, so sieht man, Bildung und Fortbildung einer Nation ist nie anders als ein Werk des Schicksals: Resultat tausend mitwürkender Ursachen, gleichsam des ganzen Elements, in dem sie leben. Und ist dies, was für ein Kinderspiel, diese Bildung blos in und durch einige³ hellere Ideen zu setzen, worauf man fast von Wiederherstellung der Wißenschaften her trabet! Dies Buch, dieser Autor, diese Menge von Büchern soll bilden: das ganze Resultat derselben, die Philosophie unsres Jahrhunderts soll bilden — was hieße das anders, als die Neigungen wecken oder stärken, durch die die Menschheit beseligt wird — und welche Kluft, daß dies geschehe! Ideen geben eigentlich nur Ideen: mehrere Helle, Richtigkeit und Ordnung zu denken — das

---

1) A: Maschinen
2) a: damit auf die nützlichste Anwendung unsres Philosophischen Thema.
3) a: diese ganze Veränderung in einige

ist aber auch alles, worauf man gewiß rechnen kann: denn wie sich das alles¹ nun in der Seele mische? was es vor sich finden und verändern soll? wie stark und daurend diese Veränderung werde? und wie sie sich nun endlich in die tausendgestaltigen Anläße und Fügungen des Menschlichen Lebens, geschweige eines Zeitalters, eines ganzen Volks, des ganzen Europa, des ganzen Weltalls, (wie unsre Demuth wähnt) hineinmische und hineinwerfe — ihr Götter, welche andre Welt von Fragen!

Ein Mensch, der die Künstliche Denkart unsres Jahrhunderts kennen lernte, läse alle Bücher, die wir von Kind auf lesen, loben und wie es heißt, uns darnach bilden, sammlete die Grundsätze, die wir alle laut oder schweigend zugestehen, auch mit gewißen Kräften unsrer Seele bearbeiten u. s. w., wollte hieraus nun auf das ganze lebendige Triebwerk des Jahrhunderts Schluß machen — erbärmlicher Fehlschluß!² Eben weil diese Grundsätze so gäng und gäbe sind; als Spielwerk von Hand zu Hand, als Mundwerk von Lippe zu Lippe gehen — eben deßwegen wirds wahrscheinlich, daß sie keine Würkung mehr thun können. Braucht man, womit man spielt? und wenn man des Getreides so viel hat, daß man den Acker nicht besäet, bepflanzet, sondern als Kornboden überschütten muß — dürrer, trockner Kornboden! kann etwas wurzeln? aufgehen? kommt ein Korn nur in die Erde?³

Was soll ich Exempel zu einer Wahrheit suchen, zu der fast alles leider! Exempel wäre — Religion und Moral, Gesetzgebung und gemeine Sitten. Wie überschwemmt mit schönen Grundsätzen, Entwicklungen, Systemen, Auslegungen —

1) a: alle das
2) A: Fehlschluß — gebessert aus a: auf das . . Triebwerk der Neigungen und Sitten unsres Jahrhunderts schließen — welch ein Fehlschluß!
3) a: und wenn man so viel Getraide hat, um einen Acker nicht übersäen und bepflanzen zu können, sondern überschütten zu müssen — nichts kommt bei allem Vorrath in die Erde! nichts wurzelt! nichts gehet auf! der Acker wird ein dürrer Getreideboden, nichts mehr!

überschwemmet, daß fast niemand mehr Boden sieht und Fuß hat¹ — eben deßwegen aber auch nur hinüberschwimmet. Der Theologe blättert in den rührendsten Darstellungen der Religion, lernet, weiß, beweist und vergißt — zu den Theologen² werden wir alle von Kind auf gebildet. Die Kanzel schallet von Grundsätzen, die wir alle zugestehen, wißen, schön fuhlen, und — auf und neben der Kanzel laßen. So mit Lektüre, Philosophie und Moral. Wer ist nicht überdrüßig sie zu lesen? und welcher Schriftsteller macht's nicht schon zum Hauptgeschäfte, gut einzukleiden: die unkräftige Pille nur schön zu versilbern. Kopf und Herz³ ist einmal getrennt: der Mensch ist leider! so weit, um nicht nach dem was er weiß, sondern was er mag, zu handeln. Was hilft dem Kranken alle der Vorrath von Lederbißen, den er mit siechem Herzen nicht genießen kann, ja deß Überfluß ihn eben siechherzig machte. —

Den Verbreitern des Mediums dieser Bildung könnte man immer die Sprache und den Wahn laßen, als wenn sie „die Menschheit" und insonderheit ja den Philosophen von Paris, daß sie toute l'Europe und tout l'Univers bilden — man weiß schon was die Sprache bedeutet? — Ton! conventionelle Phrase! schöne Wendung, oder höchstens nützlicher Wahn. — Aber wenn auch die auf solche Mittel der Letternkultur fallen, die ganz andre Werkzeuge — wann sie eben mit jenen dem Jahrhundert schönen Dunst geben, Augen auf den Glanz dieses unwürksamen Lichts senken, um Herzen und Hände frei zu haben — Irrthum und Verlust, ihr seyd kläglich! —

Es gab ein Zeitalter, wo die Kunst der Gesetzgebung für das einzige Mittel galt, Nationen zu bilden, und dies Mittel auf die sonderbarste Art angegriffen, nur meist eine allgemeine

---

1) a: Wie überschwemmt ist Alles mit .... Auslegungen der Systeme — so überschwemmt, daß fast niemand ... sieht und vesten Tritt thun kann;
2) „zu den Theologen" auch in a.
3) a: Kopf und Arm

Philosophie der Menschheit, ein Kodex der Vernunft, der
Humanität — was, weiß ich mehr? werden sollte: die Sache
war ohne Zweifel blendender als nützlich. Allerdings ließen
sich damit alle „Gemeinsätze des Rechten und Guten, Maxi-
men der Menschenliebe und Weisheit, Aussichten aus
allen Zeiten und Völkern für alle Zeiten und Völker er-
schöpfen"[1] — für alle Zeiten und Völker? — und also leider!
eben nicht für das Volk, dem dies Gesetzbuch angemessen[2] seyn
soll, als sein Kleid. So allgemeines Abgeschöpfte,[3] ists nicht
auch Schaum vielleicht, der in der Luft aller Zeiten und Völker
zerfließt? und wie anders für die Adern und Sehnen seines
Volks Nahrung bereiten, daß sie ihm Herz stärke, und Mark
und Bein erfrische!

Zwischen jeder[4] Allgemeingesagten, wenn auch der schönsten
Wahrheit — und ihrer mindesten Anwendung ist Kluft! Und
Anwendung am Einzigen rechten Orte? zu den rechten
Zwecken? auf die Einzige beste Weise? — Der Solon eines
Dorfs, der würklich nur Eine böse Gewohnheit abgebracht,
nur Einen Strom Menschlicher Empfindungen und Thätig-
keiten in Gang gebracht — er hat tausendfach mehr ge-
than, als all ihr Raisonneurs über die Gesetzgebung, bei denen
alles wahr, und alles falsch — ein elender allgemeiner
Schatte ist. —

Es war eine Zeit, da die Errichtung von Akademien,
Bibliotheken, Kunstsälen, Bildung der Welt hieß — vor-
treflich! diese Akademie ist der Name des Hofes, das würdige
Prytaneum verdienter Männer, eine Unterstützung kostbarer
Wißenschaften, ein vortreflicher Saal am Geburtsfeste des
Monarchen. — Aber was die nun zur Bildung des Landes,
der Leute, der Unterthanen thue? Und wenn sie alles thäte —

---

1) a: anbringen   2) A: aufgenommen (gebessert aus a)
3) a: Was so allgemein abgeschöpft war,
4) A: jeden (gebessert aus a)

wie fern das Glückseligkeit gebe? Können diese Bildsäulen, und wenn ihr sie an Weg und Pfosten stellt, jeden Vorbeigehenden in einen Griechen verwandeln, daß er sie so ansehe, so fühle, sich so in ihnen fühle? Schwer! Können diese Gedichte, diese schöne Vorlesungen nach Attischer Art eine Zeit schaffen, wo diese Gedichte und Reden Wunder thaten und würkten? Ich glaube nein! Und die sogenannten Wiederhersteller der Wißenschaften, wenn auch Pabst und Kardinäle, ließen immer Apollo, Musen und alle Götter in den neulateinischen Gedichten spielen — sie wusten, daß es Spiel war. Die Bildsäule Apollo konnte immer neben Christo und der Leda stehen: Alle drei thaten Eine Würkung — keine! — Könnte die Vorstellung, der Schauplatz, würklichen Römischen Heroismus hervorbringen und Brutus und Kato's schaffen — glaubt ihr, daß euer Schauplatz stehen? daß eure Kanzel stehen würde? — Man ballet endlich in den edelsten Wißenschaften Ossa auf den Pelion — großes Unternehmen! — man weiß beinahe nicht, wozu man ballet? Die Schätze liegen da und werden nicht gebraucht: wenigstens ists gewiß nicht die Menschheit, die sie jetzt brauchet.

Es war eine Zeit, da alles auf Erziehung stürmte — und die Erziehung wurde gesetzt in schöne Realkänntniße, Unterweisung, Aufklärung, Erleichterung ad captum und ja in frühe Verfeinerung zu artigen Sitten. Als wenn alle das Neigungen ändern und bilden könnte? Ohne an ein einziges der verachteten Mittel zu denken, wie man gute Gewohnheiten, selbst Vorurtheile, Übungen und Kräfte wiederherstellen oder neu schaffen und dadurch allein „beßere Welt" bilden könnte. — Der Aufsatz, der Plan wurde abgefaßt, gedruckt, vergeßen! ein Lehrbuch der Erziehung, wie wir tausend haben! ein Kodex guter Regeln, wie wir noch Millionen haben werden, und die Welt wird bleiben, wie sie ist.[1]

---

1) s. den Anhang.

Wie anders dachten einst darüber die Zeiten und Völker, da alles noch so enge National war. Aus dem besondersten Einzelnen Bedürfniße stieg jede Bildung herauf und lehrte dahin zurück — lauter Erfahrung, That, Anwendung des Lebens, in dem bestimmtesten Kreise. Hier in der Patriarchenhütte, dort im engen Ackergebiete, dort in einer kleinen Republik Menschen, wo man alles kennt, fühlt, also auch[1] zu fühlen geben konnte, das Menschliche Herz in Hand[2] hatte, und übersahe, was man sprach! [3]Da wars also ein guter Vorwurf, den unser erleuchtetes Jahrhundert den minder erleuchteten Griechen macht, daß sie Nichts recht allgemeines und rein abgezognes philosophirt, sondern immer in der Natur kleiner Bedürfniße, auf einem engen Schauplatz gesprochen hätten. Da wars auch angewandt gesprochen, jedes Wort fand Stelle: und in den beßern Zeiten, da man noch gar nicht durch Worte sprach, durch That, Gewohnheit, Vorbild, tausendfachen Einfluß — wie anders! bestimmt, stark, und ewig. Wir sprechen über hundert Stände, Klaßen, Zeiten, Menschengattungen auf einmal, um für jede nichts zu sprechen: unsre Weisheit so fein und unkörperlich — ist abgezogner Geist, der ohne Gebrauch verfliegt. Dort wars und bliebs Weisheit des Bürgers, Geschichte Eines Menschlichen Gegenstandes, Saft voll Nahrung. —

Wenn meine Stimme also Macht und Raum hätte, wie würde ich allen, die an der Bildung der Menschheit würken, zu-

---

1) a: Republik von Menschen, wo man alles kennet, fühlet, auch al[so]
2) „in Hand" auch in a.
3) a: Da sprach man also auch nur stille und schweigend: durch That, durch Gewohnheit, durch hundertfachen unmittelbaren Einfluß: aber was man sprach, war bestimmt, tief, stark, ewig — da wir das Glück oder Unglück haben, über hundert Stände, Klaßen, Zeiten, Menschengattungen auf Einmal und also für jede Nichts zu sprechen. Unser erleuchtetes Jahrhundert rechnets z. E. selbst den schon so erleuchteten und ausgebreiteten Griechen zum Nachtheil zu, daß sie Nichts recht allgemeines und rein abgezognes in Philosophie und Politik und Ethik haben hervorbringen können, ...

russen: nicht Allgemeinörter von Verbeßerung! Papierkultur! wo möglich Anstalten — thun! Laßt die reden, und ins Blaue des Himmels hineinbilden, die das Unglück haben, nichts anders zu können; hat der Liebling der Braut nicht eine schönere Stelle, als der Dichter, der sie singt, oder der Freiwerber, der um sie wirbt? Siehe, wer die Menschenfreundschaft, Völkerliebe und Vatertreue am schönsten besingen kann, hat vielleicht im Sinne, ihr auf Jahrhunderte den tiefsten Dolchstoß zu geben? Dem Scheine nach der edelste Gesetzgeber, vielleicht der innigste Zerstörer seines Jahrhunderts! Von innerer Verbeßerung, Menschheit und Glückseligkeit nicht die Rede: er strebte dem Strom des Jahrhunderts nach, ward Heiland des Menschlichen Geschlechts nach dem Wahne des Jahrhunderts, erstrebte sich also auch den kurzen Lohn des allen — wallenden Lorbeer der Eitelkeit, morgen Staub und Asche. — Das grosse, Göttliche Werk, Menschheit zu bilden — still, stark, verborgen, ewig — mit kleiner Eitelkeit konnts nicht gränzen!

V. Ohne Zweifel wird man, nach dem, was ich geschrieben, den Allgemeinsatz anbringen, daß man immer die Ferne lobe und über die Gegenwart klage; daß es Kinder sind, die sich in die Ferne des Goldschaums verlieben, und den Apfel, den sie in der Hand haben,[1] dafür hingeben, weil sie jenes nicht kennen — aber vielleicht bin ich dies Kind nicht. Ich sehe alles Grosse, Schöne, und Einzige unsres Jahrhunderts ein, und habe es bei allem Tadel immer zum Grunde behalten „Philosophie! ausgebreitete Helle! Mechanische Fertigkeit und Leichtigkeit zum Erstaunen! Mildheit!" Wie hoch ist, seit der Wiederherstellung der Wißenschaften unser Jahrhundert darin gestiegen! mit welchen sonderbar leichten Mitteln auf die Höhe kommen! wie stark hats sie beveftigt und für die Nachkommenschaft gesichert! — ich glaube Bemerkungen darüber gegeben zu haben, statt der über-

---

1) „haben," fehlt in A.

triebenen Lobesdeklamationen,¹ die man in allen, zumal Französischen Modebüchern findet. —

Wahrlich ein grosses Jahrhundert als Mittel und Zweck: ohne Zweifel der höchste Gipfel des Baums in Betracht aller vorigen, auf denen wir stehen! Wie haben wir uns so vielen Saft aus Wurzel, Stamm und Ästen zu Nutz gemacht, als unsre dünnen Gipfelzweige nur fassen können! sehen? hoch über Morgenländer, Griechen, Römer, zumal über den mittlern Gothischen Barbarn! hoch sehen wir also über die Erde! gewißermaasse alle Völker und Welttheile unter unserm Schatten, und wenn ein Sturm zwei kleine Zweige in Europa schüttelt, wie bebt und blutet die ganze Welt! Wenn ist je die ganze Erde an so wenig vereinigten Fäden so allgemein zusammen gegangen, als jetzt? Wenn hat man mehr Macht und Maschienen gehabt, mit einem Druck, mit einem Fingerregen ganze Nationen zu erschüttern? Alles schwebt an der Spitze zweier oder drei Gedanken!³

. Zu gleicher Zeit — wenn ist die Erde so allgemein erleuchtet gewesen, als nun? und fährt immer fort mehr erleuchtet zu werden. Wenn voraus die Weisheit immer nur enge National war, und also auch tiefer grub und vester anzog — wie weit gehn jetzt ihre Stralen! wo wird nicht, was Voltäre schreibt, gelesen! Die ganze Erde leuchtet beinahe schon von Voltärs Klarheit!

Und wie scheint dies immer fortzugehen! Wo kommen nicht Europäische Kolonien hin, und werden hinkommen! Überall werden die Wilden, je mehr sie unsern Brandtwein und Üppigkeit liebgewinnen, auch unsrer Belehrung reif! Nähern sich, zumal durch Brandtwein und Üppigkeit, überall unsrer Kultur — werden bald, hilf Gott! alle Menschen wie wir seyn! gute, starke, glückliche Menschen!

Handel und Pabstthum, wie viel habt ihr schon zu diesem grossen Geschäfte beigetragen! Spanier, Jesuiten und Holländer: ihr Menschenfreundlichen, uneigennützigen, edlen und

---

1) A: Lobesdeklamation 2) A: stehen 3) vergl. oben S. 531!

„Tugendhaften Nationen! wie viel hat euch in allen Welttheilen, die Bildung der Menschheit nicht schon zu danken?

Geht das in den übrigen Welttheilen, wie denn nicht in Europa! Schande für England, daß das Irrland so lange wild und Barbarisch blieb: es ist policirt und glücklich. Schande für England, daß die Nordschotten so lange ohne Beinkleider giengen: sie tragen sie jetzt wenigstens auf einer Stange mit sich und sind glücklich. Welch Reich hat sich in unserm Jahrhunderte nicht groß und glücklich gebildet! Ein Einziges lag zur Schande der Menschheit in der Mitte da — ohne Akademien und Ackerbausocietäten, trug Knebelbärte und nährte dennach Königsmörder. Und siehe da! was mit dem — wilden Corsika das edelmüthige Frankreich schon allein übernommen hatte — das thaten drei — Knebelbärte: zu Menschen zu bilden, wie wir sind! gute, starke, glückliche Menschen!

Alle Künste, die wir treiben, wie hoch gestiegen! Kann man sich etwas über jene Regierungskunst, das System! die Wißenschaft zur Bildung der Menschheit denken?*) Die ganze einzige Triebfeder unsrer Staaten, Furcht und Geld: ohne Religion, (die Kindische Triebfeder!) ohne Ehre und Seelenfreiheit und Menschenglückseligkeit im mindsten zu brauchen. Wie wißen wir, den einzigen Gott aller Götter, Mammon, als einen zweiten Proteus zu erhaschen! und wie zu verwandeln! und wie alles von ihm zu erzwingen, was wir nur wollen! — höchste glückselige Regierungskunst! —

Sehet ein Kriegsheer; das schönste Urbild Menschlicher Gesellschaft! Alle wie bunt und leicht gekleidet, leicht genähret, harmonisch denkend, frei und bequem in allen Gliedern! edel sich bewegend! Wie helle treflliche Werkzeuge in ihrer Hand! Summe von Tugenden, die sie bei jeder täglichen Handhabung lernen — ein Bild der höchsten Vortreflichkeit des Menschengeistes, und der Regierung der Welt — Resignation!

---

*) Hume politische Schr. Verf. 4. 9. 25. 26. u. seine Gesch.

Gleichgewicht von Europa! du grosse Erfindung, von der kein Zeitalter vorher wuste! wie sich jetzt diese grossen Staatskörper, in denen ohne Zweifel die Menschheit am besten gepflegt werden kann, an einander reiben, ohne sich zu zerstören, und je zerstören zu können, wie wir so traurige Beispiele an der elenden Staatskunst der Gothen, Hunnen, Vandalen, Griechen, Perser, Römer, kurz aller Zeiten vor uns haben! und wie sie ihren edlen Königsgang fortgehen, diese Wassertonne voll Insekten, in sich zu schlucken, um Einförmigkeit, Friede und Sicherheit zu schaffen. Arme Stadt? gequältes Dorf? — Heil uns! zu Aufrechthaltung des Gehorsams, des Friedens und der Sicherheit, aller Kardinaltugenden und Glückseligkeiten, Söldner! Verbündete! Gleichgewicht Europa's! Es wird und muß, Heil uns! ewige Ruhe, Friede, Sicherheit und Gehorsam in Europa bleiben.

Da dürfen nur unsre Politische Geschichtschreiber und Historische Epopeendichter der Monarchie, das Wachsthum dieses Zustandes von Zeit zu Zeit malen!*) „Einst, traurige Zeiten! da man blos nach Bedürfniß und eignem Gefühl etwa handelte: traurigere Zeiten, da die Macht der Regenten, gar noch nicht Schrankenlos, und traurigste Zeiten unter allen, da ihre Einkünfte noch nicht ganz willkührlich waren — da — wie wenig gibts für den Philosophischen Epopeengeschichtschreiber allgemein zu raisonniren, oder ins Ganze von Euerm hinzumalen! keine Armeen, die vermögend wären, ferne Gränzen zu beunruhigen, kein Landesherr, der aus seinem Lande könnte, zu erobern: also alles nur auf elende Gegenwehr und Selbstvertheidigung angelegt: keine Politik! kein Blick auf ferne Zeiten und Länder, keine Spekulation in den Mond!

---

*) Robertsons Gesch. Karls 5, die Einleitung, davon dies nur ein treuer Auszug ist, mit etwanigem Urtheil über sein Urtheil. *Τεγονατας ενδοξαυς υ τα πραγματα, αλλα τα περι των πραγματων δογματα ἔταξε.*

also keine Verbindung der Länder durch diese Menschenfreundlichen Nächstenblicke — kurz, kein — und das ist das Wort für den neusten höchsten Geschmack! — kein Gesellschaftliches Leben in Europa! Gottlob! seitdem einzelne Kräfte und Glieder des Staats abgethan, Adel durch Städte, Städte durch freigelaßnes Land, und Adel, Städte und freigelaßnes Land durch Völker so glorreich gegen- und überwogen, in das Wunderding Maschiene¹ hineingelenkt sind, niemand mehr von Selbstgerechtigkeit, Selbstwürde und Selbstbestimmung weiß und wißen darf — Heil uns, welch Gesellschaftliches Leben in Europa! Wo der Monarch den Staat so ganz in seiner Macht hat, daß dieser ihm nicht mehr Zweck, sondern auswärtiges Handeln durch ihn Zweck ist — wo er also so weit sieht, rechnet, rathschlaget, handelt, jeder durch Winke, von denen er nichts versteht und weiß, zum Enthusiasmus gerührt und geleitet werden, kein Staat ohne den Blick des andern, eine Pflaumfeder aufheben darf — ohne daß von der fernesten Ursache sich allgemeiner Aderlaß in allen Welttheilen von selbst beschließe! Große Allgemeinheit! wie gedrungene Menschliche, Leidenschaftlose Kriege daher entspringend! wie gerechte, Menschliche, billige Unterhandlungen daher entspringend!" Und wie wird die höchste Tugend, die Resignation, jedes Einzelnen dabei befördert — hohes Gesellschaftliches Leben in Europa!

Und durch wie glorreiche Mittel*) man dahin gekommen! „daß die Macht der Monarchie in gleichem Schritt mit der Entkräftung einzelner Glieder und der Stärke des Söldnerstandes gewachsen! durch welche Mittel sie ihre Vorrechte erweitert, ihre Einkünfte gemehret, ihre innern Feinde unterjocht oder gelenkt, ihre Grenzen verbreitet — das zeigt die mittlere und neuere, insonderheit die Vorgängerin von ganz Europa, die Französische Geschichte." Glorreiche Mittel, und der Zweck wie

---

*) Noch immer bloß aus Robertson Auszug.
1) A: Maschinen

groß: Waage Europa's! Glückseligkeit Europa's! Auf der Waage und in der Glückseligkeit bedeutet jedes einzelne Sandkorn ohne Zweifel viel! — —

„Unser System des Handels!" Ob man sich etwas über das Verfeinte der allumfaßenden Wißenschaft denke? Was warens für elende Spartaner, die ihre Heloten zum Ackerbau brauchten, und für Barbarische Römer, die ihre Sklaven in die Erdgefängniße einschloßen! In Europa ist die Sklaverei abgeschaft,*) weil berechnet ist, wie viel diese Sklaven mehr kosteten und weniger brächten, als freie Leute: nur Eins haben wir uns noch erlaubt, drei Welttheile als Sklaven zu brauchen, zu verhandeln, in Silbergruben und Zuckermühlen zu verbannen — aber das sind nicht Europäer, nicht Christen, und dafür bekommen wir Silber und Edelgesteine, Gewürze, Zucker und — heimliche Krankheit: also des Handels wegen und zur wechselseitigen Bruderhülfe und Gemeinschaft der Länder!

„System des Handels!" Das Große und Einzige der Anlage ist offenbar! Drei Welttheile durch uns verwüstet und policiret, und wir durch sie entvölkert, entmannet, in Üppigkeit, Schinderei und Tod versenkt: das ist reich gehandelt und glücklich. Wer ist, der nicht an der großen Ziehwolke, die Europa aussaugt, Antheil haben? sich in sie drängen, und kann er nicht Andere, seine eigne Kinder als größter Handelsmann entleeren müste? — Der alte Name, Hirt der Völker, ist in Monopolisten verwandelt — und wenn die ganze Wolke mit hundert Sturmwinden denn bricht — — großer Gott Mammon, dem wir alle jetzt dienen, hilf uns! —

„Lebensart und Sitten!" Wie elend, als es noch Nationen und Nationalcharakter gab:**) was für wechselseitiger Haß, Abneigung gegen die Fremden, Vestsetzung auf seinen Mittelpunkt, Väterliche Vorurtheile, Hangen an der Erdscholle, an

---

*) Millar über den Unterschied der Stände Hauptst. 5.
**) Hume Vermischte Schr. Th. 4. XXIV.

der wir gebohren sind und auf der wir verwesen sollen! einheimische Denkart! enger Kreis von Ideen — ewige Barbarei! Bei uns sind Gottlob! alle Nationalcharaktere ausgelöscht! wir lieben uns alle, oder vielmehr keiner bedarfs den andern zu lieben; wir gehen mit einander um, sind einander völlig gleich — gesittet, höflich, glückselig! haben zwar kein Vaterland, keine Unsern für die wir leben; aber sind Menschenfreunde und Weltbürger. Schon jetzt alle Regenten Europa's, bald werden wir alle die Französische Sprache reden! — Und denn — Glückseligkeit! es fängt wieder die güldne Zeit an, „da hatte alle Welt einerlei Zunge und Sprache! wird Eine Heerde und Ein Hirte werden!" Nationalcharaktere, wo seyd ihr?

„Lebensart und Sitten Europa's!" Wie spät reifte in den Gothischen Zeiten des Christenthums die Jugend: kaum im dreissigsten Jahre mündig: man verlohr den halben Theil seines Lebens in einer elenden Kindheit. Philosophie, Erziehung und gute Sitten, welche neue Schöpfung habt ihr geschaffen! Wir sind jetzt im dreizehnten Jahre reif, und durch stumme und laute Sünden im zwanzigsten verblühet. Wir genießen das Leben, recht in der Morgenröthe und schönsten Blüthe!

„Lebensart und Sitten Europa's!" Welche Gothische Tugend, Bescheidenheit, jugendliche Blödigkeit, Schaam!*) Frühe werden wir des zweideutigen, unbehülflichen Mantels der Tugend los; Gesellschaften, Frauenzimmer, (die nun am meisten bei Schaam entbehren! und die sie auch am wenigsten nöthig haben!) selbst unsre Altern wischen sie uns frühe von den Wangen: oder wenn das nicht, Lehrmeister guter Sitten! Wir gehen auf Reisen, und wer wird sein ausgewachsenes Kleid der Kindheit, außer Mode und Anstand wieder bringen? Wir haben Dreustigkeit, Ton der Gesellschaft, Leichtigkeit uns alles zu bedienen! schöne Philosophie! „Zärtlichkeit des Geschmacks und der Lei-

---

*) Hurds Gespräche über das Reisen.

denschaften!"*) Immer waren Griechen und Römer in ihrem Geschmacke noch wie grob! hatten am wenigsten den Ton des Umgangs mit dem schönen Geschlechte! Plato und Cicero konnten Bände Gespräche über Metaphysik und männliche Künste schreiben, und es sprach nie ein Weib. Wer sollte bei uns ein Stück und wenn's auch Philoktet auf seiner wüsten Insel wäre, ohne Liebe aushalten! Voltäre — aber man lese, wie ernstlich er selbst für der Nachfolge gewarnet. Frauenzimmer sind unser Publikum, unsre Aspasien des Geschmacks und der Philosophie. Wir wißen Kartesianische Wirbel und Newtonische Attraktionen in ein Schnürleib einzukleiden: schreiben Geschichte, Predigten und was nicht mehr? für und als Weiber. Die feinere Zärtlichkeit unsres Geschmacks ist bewiesen.

„Schöne Künste und Wißenschaften!"**) Die gröbern haben freilich die Alten, und zwar die elende unruhige Regimentsform, kleine Republiken ausbilden können: aber seht auch, wie grob jene Beredsamkeit Demosthenes! jenes Griechische Theater! grob selbst jene gepriesene Antike! Und mit ihrer Malerei und Musik ist's gar nur aufgedunsnes Mährchen und Zetergeheul gewesen. Die feinere Blüthe der Künste hat auf die glückselige Monarchie gewartet! An den Höfen Ludwigs copirte Corneille seine Helden, Racine seine Empfindungen: man erfand eine ganz neue Gattung der Wahrheit, der Rührung und des Geschmacks, von der die Fabelhaften, kalten, Prachtlosen Alten nichts gewußt — die Opera. Heil dir Oper! du Sammelplatz und Wetteifer aller unsrer schönen Künste!

In der glückselige Monarchie war's, wo's noch Erfindungen gab.***) Man erfand statt der alten pedantischen Universitäten, glänzende Akademien. Boßvet erfand eine Geschichte, ganz Deklamation und Predigt und Jahrzahlregister, die den ein-

---

*) Hume Pol. Verf. 1. 17. 23.
**) Hume Verf. Th. 4. XVI, XVII, Voltaire siecle de Louis XIV. XV, und XX, und die Heere Panegyristen der neuen [neuern?] Litteratur.
***) Voltaire siecle de Louis 14.

fältigen Xenophon und Livius so weit übertraf: Bourdaloue erfand seine Redegattung, wie beßer als Demosthen! Man erfand eine neue Musik — Harmonie, die keiner Melodie bedurfte, eine neue Baukunst, was jeder unmöglich geglaubt, eine neue Säule — und was die Nachwelt am meisten bewundern wird, eine Architektur auf der Fläche und mit allen Produktionen der Natur — das Gartenwesen! voll Proportionen und Symmetrie! voll ewigen Genußes und ganz neue Natur ohne Natur. Heil uns! was konnten wir allein unter der Monarchie erfinden!

Am spätsten fing man an zu philosophiren.*) Und wie neu! ohne System und Grundsätze, daß es frei bliebe, immer zu andrer Zeit auch das Gegentheil zu glauben. Ohne Demonstration! in Witz gehüllet: denn „alle strenge Philosophie hat nie die Welt gebeßert."**) Endlich gar — herrliche Erfindung! — in Memoirs und Wörterbüchern, wo jeder lesen kann, was und wie viel er will — und die herrlichste der herrlichen Erfindungen, das Wörterbuch, die Encyklopädie aller Wißenschaften und Künste. „Wenn einst durch Feuer und Waßer alle Bücher, Künste und Wißenschaften untergehen; aus und an dir, Encyklopädie! hat der Menschliche Geist alles!" Was die Buchdruckerkunst den Wißenschaften, ist die Encyklopädie der Buchdruckerkunst geworden:***) höchster Gipfel der Ausbreitung, Vollständigkeit und ewigen Erhaltung.

Nun sollte ich noch das Beste, unsre ungeheuren Fortschritte in der Religion rühmen. Da wir gar die Lesarten der Bibel aufzuzählen angefangen! in den Grundsätzen der Ehre, seitdem wir das lächerliche Ritterthum abgeschaft, und Ordens¹ zu Leitbändern der Knaben und Hofgeschenken erhoben — am meisten aber unsern höchsten Gipfel von Menschlichen — Vater=Weibs=

---

*) Disc. prélim. vor der Encyklopädie, Voltaire tableau encyclopédique des connoissances humaines.
**) Hume Verf. Th. I. Abh. 1.
***) Disc. prélim. und Melange de litt. p. d'Alembert. T. I. IV.
1) zu verstehen „Ordens(=Bänder)".

und Kindestugenden rühmen — aber wer kann in einem solchen Jahrhunderte, als das unsre ist, alles rühmen! Gnug wir sind „Gipfel des Baums! in Himmlischer Luft webend: die goldne Zeit ist nahe!"

Dritter Abschnitt.

Zusätze.

Die Himmelsluft ist so erquickend, daß man gern zu lange über Wipfel und Bäume¹ schwebet: hinunter an den traurigen Boden, um etwa aufs Ganze oder Nichtganze einen Blick zu werfen.

Großes Geschöpf Gottes! Werk dreier Welttheile, und fast sechs Jahrtausende! die zarte Saftvolle Wurzel, der schlanke, blühende Sprößling, der mächtige Stamm, die starkstrebende verschlungne Äste, die lustigen weit verbreiteten Zweige — wie ruhet alles auf einander, ist aus einander erwachsen! — Großes Geschöpf Gottes! aber wozu? zu welchem Zwecke?

Daß offenbar dies Erwachsen, dieser Fortgang aus einander nicht „Vervollkommung im eingeschränkten Schulsinne sei, hat, dünkt mich, der ganze Blick gezeigt." Nicht mehr Saamenkorn, wenns Sprößling, kein zarter Sprößling mehr, wenns Baum ist. Über dem Stamm ist Krone; wenn jeder Ast, jeder Zweig derselben Stamm und Wurzel seyn wollte — wo bliebe der Baum? Orientalier, Griechen, Römer waren nur einmal in der Welt; sollten die electrische Kette, die das Schicksal zog, nur in Einem Punkte, auf Einer Stelle berühren! — Wir also, wenn wir Orientalier, Griechen, Römer auf Einmal seyn wollen, sind wir zuverläßig Nichts.

„In Europa soll jetzt mehr Tugend seyn, als je in aller Welt gewesen?" Und warum? weil mehr Aufklärung darin ist — ich glaube, daß eben deshalb weniger seyn müße.

---

1) A: Bäumen

Was ist's, wenn man auch nur die Schmeichler ihres Jahrhunderts frägt, was ist diese mehrere Tugend Europa's, durch Aufklärung? — „Aufklärung!" Wir wißen jetzt so viel mehr, hören, lesen so viel, daß wir so ruhig, geduldig, sanftmüthig, unthätig sind. — Freilich — freilich — zwar — und auch das noch; aber bei allem bleibt doch der Grund unsrer Herzen immer so weich!" Ewige Süßler, das heißt alles ja, wir sind dort oben die dünnen, luftigen Zweige, freilich bebend, und flisternd bei jedem Winde; aber spielt doch der Sonnenstral so schön durch uns! stehn über Ast, Stamm und Wurzel so hoch, sehen so weit und — ja nicht vergeßen, können so weit und schön flistern!

Ob man nicht sähe, daß wir alle Laster und Tugenden der vergangnen Zeit nicht haben, weil wir — durchaus nicht ihren Stand, Kräfte und Saft, Raum und Element haben. Freilich kein Fehler, aber was erlügt man sich denn auch daraus, Lob, Ungereimtheiten von Anmaßung? Was täuscht man sich mit unsern Mitteln der Bildung, als ob die das ausgerichtet? und nimmt alles zusammen, sich über den Tand seiner eignen Wichtigkeit zu hintergehen? Warum endlich trägt man den „Roman einseitiger Hohnlüge" denn in alle Jahrhunderte, verspottet und verunziert damit die Sitten aller Völker und Zeitläufte, daß ein gesunder, bescheidner, uneingenommener Mensch ja fast in allen so genannt Pragmatischen Geschichten aller Welt, nichts endlich mehr, als den eckelhaften Wust des „Preisideals seiner Zeit" zu lesen bekommt. Der ganze Erdboden wird Misthaufe, auf dem wir Körner suchen und krähen! Philosophie des Jahrhunderts!

„Wir haben keine Straßenräuber, keine Bürgerkriege, keine Unthaten mehr" — aber wo? wie? und warum sollten wir sie haben? Unsre Länder sind so wohl policirt, mit Landstraßen verhauen, mit Besatzungen verpropft, Acker weislich zertheilt, die weise Justiz so wachsam — wo soll der arme Spitzbube, wenn er auch Muth und Kraft zu dem rauhen Handwerke

hätte, es treiben? warum es aber auch treiben? Er kann ja nach
den Sitten unsres Jahrhunderts auf eine weit bequemere, gar
ehrwürdige und glorreiche Weise Haus= Kammer= und Ver-
räuber werden — in diesen Bedienungen vom Staate besoldet
werden — warum sich nicht lieber besolden laßen? warum das
unsichre Handwerk — zu dem er — und darauf kommts hinaus —
weder Muth noch Kraft, noch Gelegenheit hat? Gnade Gott
eurer neuen, freiwilligen Tugend!

Haben wir „keine Bürgerlichen Kriege," weil wir alle so zu-
friedene, allgesättigte, glückliche Unterthanen sind? oder ists nicht eben
aus Ursachen, die oft gerade das Gegentheil begleiten? — „Kein
Laster" — weil wir alle so viel hinreißende Tugend, Grie-
chenfreiheit, Römerpatriotism, Morgenlandsfrömmigkeit,
Ritterehre, und alle im größten Maaße — oder ists nicht
gerade, weil wir der allen keine haben, und leider also auch ihre
einseitige, vertheilte Laster nicht haben können? Dünne schwan-
kende Äste!

Und als solche, ists freilich mit unser Vorzug, „eben der
matten, kurzsichtigen, allverachtenden, allein selbstgefäl-
ligen, nichts ausrichtenden und eben in der Unwürksamkeit
Trostvollen Philosophie" fähig zu seyn. Morgenländer,
Griechen und Römer, warens nicht.

Als solche,[1] ists unser Vorzug, unsre Mittel der Bildung
so bescheiden zu schätzen und anzurechnen. Geistlicher
Stand, daß die Welt nie so Menschlich, Theologisch aufgeklärt: Weltlicher Stand, daß sie nie so Menschlich, einförmig,
Gehorsam= und Ordnungsvoll: unsre Gerechtigkeit, daß sie
nie so Menschlich und Friedeliebend — endlich unsre Philosophie, daß sie nie so Menschlich und Göttlich gewesen sey als
jetzt — durch wen? — da zeigt jeder auf sich! „Wir sind die
Ärzte, die Heilande, die Aufklärer, die neuen Schöpfer —
die Zeiten des tollen Fiebers sind vorbei" — Nun ja Gottlob!

---

1) A: solcher,

und der schwindsüchtige Kranke liegt da so ruhig im Bette, wimmert und — — danket! Dankt; aber ob er auch danke? Und wenn ers thäte; eben dieser Dank, könnte er nicht als Kennzeichen seiner Verfallenheit, Kleinmuth, und der zagendsten Menschheit eben gelten? Wie wenn so gar Empfindung eines andern Beßern mit dem Genuße entflohen wäre? daß ich mich selbst, da ich dies schreibe, vielleicht den giftigsten, hönischten Seitabverzerrungen aussetze? Wenns eben schon gnug wäre, daß wir denken, haben Manufakturen, Handel, Künste, Ruhe, Sicherheit und Ordnung — unsre Regierungen mit nichts mehr in sich zu kämpfen: unsre Staatsverfaßungen werden groß! — so weiten Blick umher! — so weit umher, so ferne voraus spielend — welche Zeit konnte das? — Also! — so sprechen unsre Staats= Handels= und Kunstgeschichte. — Man glaubt Satyre zu lesen, und man liest nichts, als treue Denkart. Was lohnts, daß ich weiter rede? Wenns blos Sieche wäre; und nicht zugleich Hinderniß, das jedes Mittel dagegen aufhebet! — im Todesschweiße aber mit Opium träumen: warum den Kranken stören, ohne daß man ihm hilft?

* * *

Also vielmehr, was dem Kranken auch mehr gefallen wird. Wir sind bei dieser Fortrückung freilich auch auf unsrer Stelle, Zweck und Werkzeug des Schicksals.

Gemeiniglich ist der Philosoph alsdenn am meisten Thier, wenn er am zuverläßigsten Gott seyn wollte: so auch bei der zuversichtlichen Berechnung von Vervollkommen der Welt. Daß doch ja alles hübsch in gerader Linie ginge, und jeder folgende Mensch und jedes folgende Geschlecht in schöner Progreßion, zu der er allein den Exponenten von Tugend und Glückseligkeit zu geben wuste, nach seinem Ideal vervollkommet würde! Da trafs nun immer auf ihn zuhinterst: er das letzte, höchste Glied, bei dem sich alles endigt. „Sehet, zu solcher Auf=

klärung, Tugend, Glückseligkeit ist die Welt gestiegen! ich, hoch auf dem Schwengel! das goldne Zünglein der Weltwaage: sehet mich!"

Und der Weise bedachte nicht, was ihn doch das leiseste Echo von Himmel zu Erde hätte lehren müssen, daß wahrscheinlich immer Mensch Mensch bleibe, nach der Analogie aller Dinge nichts als Mensch! Engel und Teufelgestalt im Menschen — Romangestalten! — Er nichts als das Mittelding zwischen! trotzig und verzagt, in Bedürfniß strebend, in Unthätigkeit und Üppigkeit ermattend, ohne Anlaß und Übung Nichts, durch sie allmählich fortschreitend, beinah alles — Hieroglyphe des Guten und Bösen, wovon die Geschichte voll ist — Mensch! — immer nur Werkzeug!

— bedachte nicht, daß dies verborgne Doppelgeschöpf tausendfach modificirt werden könne und nach dem Bau unsrer Erde fast müsse; daß es eine Schöpfung von Klima, Zeitumständen, mithin National- und Säkulartugenden gebe, Blüthen, die unter dem Himmel wachsen und fast von nichts gedeihen, dort aussterben oder elend falben; (eine Physik der Geschichte, Seelenlehre und Politik, woran ja unser Jahrhundert schon so viel gedichtet und gebrütet hat!) daß es dies alles geben könne und müsse, von innen aber unter der vielfach veränderten Schlanke immer noch derselbe Kern von Wesen und Glückfähigkeit aufbewahrt seyn könne, und nach aller Menschlichen Erwartung ist seyn werde.

— bedachte nicht, daß es unendlich mehr Fürsorge des Allvaters zeige, wenn dies geschähe; wenn in der Menschheit ein unsichtbarer Keim der Glücks- und Tugendempfänglichkeit auf der ganzen Erde und in allen Zeitaltern liege, der verschieblich ausgebildet, zwar in verschiednen Formen erscheine, aber innerlich nur ein Maas und Mischung von Kräften.

— bedachte endlich nicht — allwißendes Geschöpf! — daß mit dem Menschengeschlecht ein größerer Plan Gottes im Ganzen seyn könne, den eben ein einzelnes Geschöpf nicht übersieht,

eben weil nichts auf etwas blos einzelnes, zumal nicht auf den
Philosophen oder Thronsitzer des achtzehnden Jahrhunderts als
letzte Endlinie liese — weil etwa noch alle Scenen, in deren
jeder[1] jeder Schauspieler nur Rolle hat, in der er streben und
glücklich seyn kann — alle Scenen noch etwa ein Ganzes, eine
Hauptvorstellung machen können, von der freilich der einzelne,
eigennützige Spieler nichts wißen und sehen, die aber der
Zuschauer im rechten Gesichtspunkte und in ruhiger Ab-
wartung des Folgeganzen wohl sehen könnte. —

Siehe das ganze Weltall von Himmel zu Erde — was
ist Mittel? was ist Zweck? nicht alles Mittel zu Millionen
Zwecken? nicht alles Zweck von Millionen Mitteln? Tausendfach die Kette der allmächtigen, allweisen Güte in und durch ein-
andergeschlungen: aber jedes Glied in der Kette an seinem Orte
Glied — hängt an Kette und sieht nicht, wo endlich die Kette
hange. Jedes fühlt sich im Wahne als Mittelpunkt, fühlt alles
im Wahne um sich nur so fern als es Stralen auf diesen Punkt,
oder Wellen geußt — schöner Wahn! Die grosse Kreislinie aber
aller dieser Wellen, Stralen und scheinbaren Mittelpunkte — wo?
wer? wozu?

In der Geschichte des Menschlichen Geschlechts wärs anders? auch mit allen Wellen und Folgezeiten anders, als eben
der „Bauplan allmächtiger Weisheit?" Wenn das Wohn-
haus bis aufs kleinste Behör „Gottesgemälde" zeiget — wie
nicht die Geschichte seines Bewohners? Jenes nur Dekoration!
Gemälde in einem Auftritte, Ansicht! Dies ein „unendliches
Drama von Scenen! Epopee Gottes durch alle Jahrtausende
Welttheile und Menschengeschlechte, tausendgestaltige Fabel
voll eines grossen Sinns!" —

Daß dieser Sinn, dieser Allanblick wenigstens auffer
dem Menschengeschlechte liegen müße — Insekt einer Erdscholle, siehe wieder auf Himmel und Erde! Findest du im ganzen

---

1) A: jedem

todt und lebendig, auf einmal webenden Weltall dich den ausschließenden Mittelpunkt, auf den alles würke? oder würkest du nicht selbst mit (wo? wie? und wenn? — wer hat dich darum gefragt?) zu höhern dir unbekannten Zwecken? zu Zwecken, zu denen der Morgenstern und die kleine Wolke neben ihm, du und der Wurm mitwürkt, den du jetzt zertrittst? Das nun in der grossen, allweiten Zusammenwelt eines Augenblicks unleugbar und unerforschlich: in der grossen, allweiten Folgewelt, in allen Begebenheiten und Fortwickelungen des Menschengeschlechts, in dem Drama, voll Weisheit und Knote des Erfinders, kannst du da etwas minder und anders vermuthen? Und wenn die das Ganze ein Labyrinth wäre, mit hundert Pforten verschlossen, mit hundert geöfnet — der Labyrinth ist „Pallast Gottes, zu seiner Allerfüllung, vielleicht zu seinem Lustanblicke, nicht zu deinem!"

— Abgrund die ganze Welt, der Anblick Gottes in einem Momente — Abgrund, worin ich von allen Seiten verloren stehe! sehe ein grosses Werk ohne Namen, und überall voll Namen! voll Stimmen und Kräfte! Ich fühle mich nicht an dem Orte, wo die Harmonie aller dieser Stimmen in ein Eins tönt, aber was ich hier an meinem Orte von verkürztem, verwirrenden Schalle höre, so viel weiß und höre ich gewiß, da auch was Harmonisches! tönt auch zu Lobgesang im Ohre dessen, für den Raum und Zeit nichts sind. — Menschenohr weilet wenige Augenblicke, hört auch nur wenige Töne, oft nur ein verdrüßliches Stimmen von Mißtönen, denn es kam dies Ohr eben zur Zeit des Stimmens und traf unglücklicher Weise vielleicht in den Wirbelwind eines Winkels. Der aufgeklärte Mensch der spätern Zeit, Allhörer nicht blos will er sein, sondern selbst der letzte Summenton aller Töne! Spiegel der Allvergangenheit, und Repräsentant des Zwecks der Komposition in allen Scenen! — Das altkluge Kind lästert; ey wenns vielleicht gar nur Nachhall des letzten übriggebliebnen Sterbelauts wäre, oder ein Theil des Stimmens! —

Unter dem grossen Baume Allvaters,*) dessen Gipfel über
alle Himmel, dessen Wurzeln unter Welten und Hölle reichen: bin
ich Adler auf diesem Baume? bin der Rabe, der auf seiner
Schulter ihm täglich den Abendgruß der Welten zu Ohr bringt?
— welch eine kleine Laubfaser des Baums mag ich seyn! kleines
Komma oder Strichlein im Buche aller Welten!

Was ich auch sey! Auf von Himmel zu Erde, daß wie alles,
so auch ich an meiner Stelle etwas bedeute. Mit Kräften
ausgespart zum Ganzen, und ja nur mit Gefühl der Glückseligkeit auch nach Maas dieser Kräfte! Wer meiner Brüder hatte
Vorrecht ehe er war? und wenns Zweck und Zusammenstim-
mung des Hausraths foderte, daß er Gold-, ich Erdegefäß
wurde — ich nun eben Erdegefäß auch in Zweck, Klang,
Dauer, Gefühl und Tüchtigkeit, kann ich mit dem Werk-
meister streiten? Ich bin nicht übergangen, niemand vorge-
zogen; Fühlbarkeit, Thätigkeit und Tüchtigkeit des Menschengeschlechts ist vertheilt. Hier reißt der Strom ab, dort setzt er
an. Wem viel gegeben ist, der hat auch viel zu leisten. Wer
mit viel Sinnen erquickt wird, hat mit viel Sinnen zu streben —
Ich glaube nicht, daß ein Gedanke, mit dem was er sagt und
verschweigt, was er in Ansicht gibt und worüber er Him-
melsdecke ziehet, grössere Empfindung gebe, als dieser, im
Lichte der ganzen Geschichte!

* * *

Daß er darin erscheine, dahin läuft wenigstens mein Wunsch,
die grosse Olympische Rennbahn! Ist unser Zeitalter in irgend
einer Absicht edel nutzbar, so ists „seine Späte, seine Höhe,
seine Aussicht!" Was Jahrtausende durch, auf dasselbe bereits
zubereitet worden! wodurch es wieder in so höherm Sinn auf
ein anderes zubereite! die Schritte gegen und von ihm —
Philosoph, willst du den Stand deines Jahrhunderts ehren und

---

*) Eine grosse Vorstellung der Nordischen Edda!

nutzen: das Buch der Vorgeschichte liegt vor dir! mit sieben
Siegeln verschloßen; ein Wunderbuch voll Weißagung: auf
dich ist das Ende der Tage kommen! lies!

Dort Morgenland! die Wiege des Menschengeschlechts,
Menschlicher Neigungen und aller Religion. Wenn Religion
in aller kalten Welt verachtet und verglüht sein sollte: ihr
Wort dorther, Feuer- und Flammengeist dorther webend.*) Mit
Vaterwürde und Einfalt, die insonderheit noch immer „das
Herz des unschuldigen Kindes" wegführt! Kindheit des Ge-
schlechts wird auf Kindheit jedes Individuum würken: der
letzte Unmündige noch im ersten Morgenlande geboren! —

Die Jünglinge aller sogenannten feinen Litteratur und Kunst
sind die Griechen: was weiter liegt, ist dem Gesichte des Jahr-
hunderts vielleicht zu tief, zu Kindisch; aber sie in der rechten
Morgenröthe der Weltbegebenheiten, was haben sie auf all' ihre
Nachzeit gewürkt! — Die schönste Blüthe des Menschlichen
Geistes, des Heldenmuths, der Vaterlandsliebe, des Frei-
heitgefühls,¹ der Kunstliebhaberei, des Gesanges, des
Tons der Dichtung, des Lauts der Erzählung, des Don-
ners der Beredtsamkeit, des Aufbruchs aller Bürgerlichen
Weisheit, wie es jetzt ist, ist ihr. Sie dahingestellet: ihnen
Himmel, Land, Verfaßung, ein glücklicher Zeitpunkt gegeben: sie
bildeten, erfanden, nannten: wir bilden und nennen noch nach —
ihr Jahrhundert hat ausgerichtet! — aber nur einmal aus-
richtet! Da Menschengeist mit allen Kräften es zum zweitenmal wecken wollte — der Geist war Staub; der Sprößling bloß
Asche: Griechenland kam nicht wieder.

Römer, die ersten Sammler und Austheiler der Früchte,
die anderweit vorher gewachsen, jetzt reif in ihre Hände fielen.
Zwar musten sie Blüthe und Saft an seinem Orte laßen: aber
Früchte theilten sie doch aus: Reliquien der uralten Welt
im Römerkleide, nach Römerart, in Römersprache — wie

---

*) Das verachtete Buch — die Bibel!
1) A: Freyheitsgefühls

wenn alles unmittelbar aus Griechenland gekommen wäre? Griechengeist, Griechenbildung, Griechensprache? — wie alles anders in Europa! — Es sollte nicht! Griechenland, noch so entfernt dem Norden, in seinem schönen Archipelagus von Weltgegend: der Menschliche Geist in ihm, noch so schlank und zart — wie sollt er mit allen Völkern ringen? ihnen seine Nachfolge aufzwingen? wie konnte die grobe Nordische Schale den feinen Griechenduft fassen? Also Italien war die Brücke: Rom die Mittelzeit der Härtung des Kerns und seiner Austheilung — selbst die heilige Sprache der neuchristlichen Welt war ein Jahrtausend durch, mit allem was ihr anklebt, in ganz Europa Römisch.

Selbst, da Griechenland zum zweitenmal auf Europa würken sollte, konnts nicht unmittelbar würken: Arabien ward der verschlämmte Kanal — Arabien der under-plot zur Geschichte der Bildung Europa's. Wenn, wies jetzt ist, Aristoteles bestimmt war, seine Jahrhunderte allein zu herrschen und die Würme und Modermotten der Scholastischen Denkart in allem — zu erzeugen: wie, wenns Schicksal gewesen wäre, daß Plato, Homer, die Dichter, Geschichtschreiber, Redner früher hätten würken können? — wie alles unendlich anders! Es war nicht bestimmt. Der Kreis sollte dort hinüber: die Arabische Religion und Nationalkultur haßte diese Blumen: vielleicht hätten sie in Europa der Zeiten auch noch nicht gediehet; da sich Gegentheils Aristotelische Spitzfündigkeit und Mohrischer Geschmack so wohl mit dem Geiste der Zeit vertrug — Schicksal! —

In Europa sollte das Gewächs der alten Weltjahrhunderte nur gedörret und abgekeltert werden: aber von da aus unter die Völker der Erde kommen: wie sonderbar nun, daß sich Nationen auf die Stätte zur Arbeit drangen, ohne zu wissen, wie? und wozu? Das Schicksal rief sie zum Geschäfte in den Weinberg; nach und nach, jeden zu seiner Stunde. Alles war schon erfunden, gefühlt, fein ersonnen, was vielleicht ersonnen werden konnte: hier ward alles nun in Methode, in

Form der Wißenschaft geschlagen — und denn kamen nun eben die neuen, kältesten Mechanischen Erfindungen hinzu, die es ins Grosse spielten: Maschienen der kalten Europäisch-nordischen Abstraktion, für die Hand des Allenkers grosse Werkzeuge! Da liegen nun die Saamenkörner fast unter allen Nationen der Erde: wenigstens allen bekannt, allen zugangbar: werden sie haben, wenn ihr Zeitpunkt kommt. Europa hat sie gedörret, aufgefädelt, verewigt — sonderbarer Ball! Was hast du kleiner Nordischer Welttheil, einst Abgrund von Hainen und Eisinseln, auf dem Balle werden müßen! was wirst du noch werden! —

Die sogenannte Aufklärung und Bildung der Welt hat nur einen schmalen Streif des Erdballs berührt und gehalten: auch können wir nicht etwas in ihrem Laufe, Stand und Umlaufe ändern, ohne daß sich zugleich alles ändert. Wie wenn z. E. allein die Einführung der Wißenschaften, der Religion, der Reformation anders gewesen wäre? — sich die Nordischen Völker anders gemischt, anders gefolgt wären? nicht das Pabstthum so lange Vehikulum seyn müßen? — was könnt ich nicht noch zehnfach mehr fragen? — Träume! Es war nicht: und hinten nach können wir immer etwas durchblicken, warum es nicht war? Freilich aber ein kleines Etwas!

Auch sieht man, warum eigentlich keine Nation hinter der andern, selbst mit allem Zubehör derselben jemals werden ist, was die andre war? Mochten alle Mittel ihrer Kultur dieselbe seyn: Kultur nimmer dieselbe, weil allemal schon alle Einflüße der alten, jetzt veränderten Natur dazu fehlen. Griechenwißenschaften, die die Römer an sich zogen, wurden Römisch: Aristoteles ein Araber und Scholastiker: und mit den Griechen und Römern der neuen Zeiten — welch elende Sache! Marsilius, du bist Plato? Lipsius, du Zeno? Wo sind deine Stoiker? deine Helden, die dort so viel thaten? Alle ihr neuen Homere, Redner und Künstler — wo ist eure Welt der Wunder?

Auch in kein Land hat die Bildung ihren Rücktritt nehmen können, daß sie zum zweitenmal geworden wäre, was sie war — der Weg des Schicksals ist eisern und strenge: Scene der Zeit, der Welt war schon vorüber; Zwecke, wozu sie seyn sollten, vorbei — kann der heutige Tag der gestrige werden? Werden, da der Gang Gottes unter die Nationen mit Riesenschritte fortgeht, Kindische Rückpfade von Menschenkräften bewürkt werden können? — Ihr Ptolomäen konntet nicht wieder Ägypten schaffen! ihr Hadriane nicht Griechenland wieder! noch Julian Jerusalem! — Ägypten, Griechenland und du Land Gottes! wie elend liegt ihr, mit nackten Bergen, ohne Spur und Stimme des Genius, der voraus auf euch gewandelt und in alle Welt sprach — warum? er hat ausgesprochen! Sein Druck auf die Zeiten ist geschehen: das Schwert ausgebraucht, und die zerstückte leere Scheide liegt da! Das wäre Antwort auf so viel unnütze Zweifel, Bewunderungen und Fragen.

* * *

„Gang Gottes über die Nationen! Geist der Gesetze, Zeiten, Sitten und Künste, wie sie sich einander gefolgt, zubereitet! entwickelt und vertrieben!" hätten wir doch einen solchen Spiegel des Menschengeschlechts in aller Treue, Fülle, und Gefühl der Offenbarung Gottes. Vorarbeiten gnug; aber alles in Schlaube und Unordnung! Wir haben unser jetziges Zeitalter fast aller Nationen, und so die Geschichte fast aller Vorzeiten durchkrochen und durchwühlt, ohne fast selbst zu wißen, wozu wir sie durchwühlt haben. Historische Fakta und Untersuchungen, Entdeckungen und Reisebeschreibungen liegen da: wer ist, der sie sondere und sichte?

„Gang Gottes über die Nationen!" Montesquieus edles Riesenwerk hat nicht durch Eines Mannes Hand werden können, was es seyn sollte. Ein Gothisches Gebäude im Philosophischen Geschmack seines Jahrhunderts, Esprit! oft nichts weiter! aus Stelle und Ort geriſſen und auf drei oder vier Marktplätze, unter das Panier drei elender Allgemeinörter — Worte! — dazu leerer, unnützer, unbestimmter, allverwirrender Espritworte! hingetrümmert. Durchs Werk also ein Tummel aller Zeiten, Nationen und Sprachen, wie um den Thurm der Verwirrung, daß jedweder ſeinen Vorrath, Reichthum und Ranzen, an drei ſchwache Nägel hange — Geſchichte aller Völker und Zeiten, dies große lebendige Werk Gottes, auch in ſeiner Folge, ein Ruinenhaufen von drei Spitzen und Kapſeln — aber freilich auch ſehr edler, würdiger Materialien — Montesquieu!

Wer, der uns den Tempel Gottes herſtelle, wie er in ſeinem Fortgebäude iſt, durch alle Jahrhunderte hindurch! Die älteſten Zeiten der Menſchenkindheit ſind vorbei: aber Reſte und Denkmäler gnug da — die herrlichſten Reſte, Unterweiſung des Vaters ſelbſt an dieſe Kindheit — Offenbarung! Iſt du, Menſch, daß ſie dir zu alt ſey, in deinen zu klugen, zu greiſen Jahren — ſiehe um dich! — der größte Theil von Nationen der Erde iſt noch in Kindheit, reden alle noch die Sprache, haben die Sitten, geben die Verhalter des Ernſts der Väter — — wohin du unter ſogenannte Wilde reichſt und horcheſt, laute zur Erläuterung der Schrift! wehen lebendige Kommentare der Offenbarung!

Die Abgötterei, die die Griechen und Römer ſo viel Jahrhunderte genoſſen; der oft fanatiſche Eifer, mit dem alle bei ihnen aufgeſucht, ins Licht gelegt, vertheidigt, gelehrt werden — welche große Vorarbeiten und Beiträge! Wenn der Eiſt der uebertriebnen Verehrung wird gedämpft; die Parteilichkeit, mit der ein jeder ſein Volk, als eine Pandora, hielt, ſich, ganz ins Gleichgewicht geſetzt ſeyn — ihr Griechen und Römer, da werden wir euch kennen und ehren!

Es hat ſich ein Rückweg zu den Arabern gezeigt, und eine Welt von Denkmälern liegt da, um ſie zu kennen. Es haben ſich, obwohl zu ganz andern Zwecken, Denkmäler der

mittlern Geschichte vorgefunden, theils wird sich, was noch im
Staube liegt, (wenn alles von unsrer aufgeklärten Zeit so gewiß
zu hoffen wäre!) gewiß bald, vielleicht in einem halben Jahrhunderte finden. Unsre Reisebeschreibungen mehren und bessern
sich: alles läuft, was in Europa nichts zu thun hat, mit einer
Art Philosophischer Wuth über die Erde — wir sammlen
„Materialien aus aller Welt Ende," und werden in ihnen
einst finden, was wir am wenigsten suchten, Erörterungen der
Geschichte der wichtigsten Menschlichen Welt.

Unsre Zeit wird bald mehrere Augen öfnen: uns zeitig gnug
wenigstens Idealische Brunnquellen für den Durst einer Wüste
zu suchen treiben — wir werden Zeiten schätzen lernen, die wir
jetzt verachten — das Gefühl allgemeiner Menschheit und
Glückseligkeit wird rege werden: Aussichten auf ein höheres,
als Menschlich Hieseyn wird aus der Trümmervollen Geschichte
das Resultat werden, uns Plan zeigen, wo wir sonst Verwirrung fanden: Alles findet sich an Stelle und Ort — Geschichte
der Menschheit im edelsten Verstande — du wirst werden! So
lange lasset also den grossen Lehrer und Gesetzgeber der Könige
führen und verführen. Er hat so schönes Vorbild gegeben,
mit zwei, drei Worten alles zu messen, auf zwei, drei Regimentsformen, denen mans leicht ansieht, wannen und wie ein-
geschränktes Maasses und Zeitraums sie sind? — auf sie
alles hinzuführen. Wie angenehm ihm im Geiste der Gesetze
aller Zeiten und Völker, und nicht seines Volks zu folgen —
auch das ist Schicksal. Man hat oft lange den Fadenknäul
in der Hand, freut sich, daran blos einzeln rupfen zu können,
um ihn nur mehr zu wirren! Eine glückliche Hand, die das
Gewirre an einem Faden sanft und langsam zu entwickeln Lust
hat — wie weit und eben läuft der Faden! Geschichte der
Welt! dahin denn jetzt die kleinsten und grössten Reiche und
Vogelnester streben. —

*   *   *

Alle Eräugniße unsrer Zeit, sind auf großer Höhe, und streben weit hinaus — mich dünkt, in beiden liegt der Ersaz deßen, daß wir freilich, als einzelne mit wenigerer Kraft und Freudegefühl würken können. Also würklich Aufmunterung und Stärke.

Du kannst, Sokrates unsrer Zeit! nicht mehr, wie Sokrates würken: denn dir fehlt der kleine, enge, starkregsame, zusammengedrängte Schauplatz! die Einfalt der Zeiten, Sitten und des Nationalcharakters! die Bestimmtheit deiner Sphäre! — Erdbürger und nicht mehr Bürger zu Athen, fehlt dir natürlich auch die Ansicht deßen, was du in Athen thun sollt: das sichere Gefühl deßen, was du thust: die Freudempfindung von dem, was du ausgerichtet habest — dein Dämon! Aber siehe! wenn du wie Sokrates handelst, demüthig Vorurtheilen entgegen strebest, aufrichtig, Menschenliebend, dich selbst aufopfernd Wahrheit und Tugend ausbreitest, wie du kannst — Umfang deiner Sphäre ersetzt vielleicht das Unbestimmtere und Verfehlende deines Beginnens! Dich werden hundert lesen und nicht verstehen: hundert und gähnen: hundert und verachten: hundert und lästern: hundert, und die Drachenfesseln der Gewohnheit lieber haben, und bleiben, wer sie sind. Aber bedenke, noch vielleicht hundert überbleiben, bei denen du fruchtest: wenn du lange verweset bist, noch eine Nachwelt, die dich liest und beßer anwendet. Welt und Nachwelt ist dein Athen! rede!

Welt und Nachwelt! Ewiger Sokrates, würkend, und nicht blos die todte Buste mit Pappellaube bekränzt, wie wirs Unsterblichkeit nennen! Jeder sprach anschaulich, lebendig, im engen Bezirke: und sein Wort fand eine so gute Stelle. — Xenophon und Plato dichteten ihn in ihre Denkbücher und Gespräche: es waren nur Manuscripte, zum Glück für uns, beßer als hundert andre, dem wegschwemmenden Strom der Zeit entrennen. Was du schreibst, sollte Wort für Wort, Welt und Ewigkeit werth seyn, weil du, (wenigstens Materialien und Möglichkeit nach) für Welt und Ewigkeit schreibest. In weßen Hand

kann deine Schrift kommen! im Kreise wie würdiger Männer und
Richter solltest du reden! Tugend lehren, in dem Lichte und
Klarheit, wies Sokrates in seinem Alter noch nicht konnte! zur
Menschenliebe anmuntern, die, wenn sie seyn könnte, wahrhaftig
mehr als Vaterlands- und Bürgerliebe wäre! Glückseligkeit
auch in Zuständen, auch unter Situationen verbreiten, wie jene
mit den dreißig Heilanden des Vaterlands, denen auch ihre
Statuen gesetzt waren, kann seyn mochten — Sokrates der
Menschheit!

Lehrer der Natur! was kannst du mehr seyn, als Aristoteles und Plinius! wie weit mehr sind dir Wunder und Werke
geöfnet! was für Hülfsmittel, sie den Augen andrer zu öfnen,
die jene nicht hatten! auf welcher Höhe stehest du! Gedenke New-
tons! was der einige Newton fürs Ganze des Menschlichen Geistes
gewürket! was das alles allweit gewürket, geändert, gefruchtet! zu
welcher Höhe er sein ganzes Geschlecht gehoben! — — Du stehest
auf der Höhe! strebest, statt die große Schöpfung Gottes in ein
klein Gebäude deines Kopfs von Kosmogonie, Thierentstehung,
Formenbildung u. dgl.*) zu verengen, blos dem Strome der
Gotteskraft nach, sie in allen Formen, Gestalten und Schöpfungen
tief und treu zu fühlen, zu fühlen zu geben, dem Schöpfer zu dienen
und nicht dir — Bote der Herrlichkeit durch alle Reiche der Wesen!
Nur von dieser Zeithöhe konntest du den Himmelsflug nehmen, entdecken, mit der Fülle und Adel und Weisheit reden!
mit der unschuldigen, mächtigen, allgütigen Gottesansicht Menschen-
herzen erquiken, die aus keiner andern Pfütze erquickt werden
konnten. Das thust du für Welt und Nachwelt! Freilich unter
allen Entdeckern und Forschern nur Einer, Ein kleiner Name!
aber für Welt und Nachwelt! und wie hoch! wie herrlich —
als es Plinius und Aristoteles nicht konnten — Engel Gottes
in deiner Zeit!

Was für hundert mehrere Mittel hat Arzt und Menschen-
naturkenner jetzt, als Hippokrates und Machaon! in Vergleich

---

*) Büffon.

dieser gewiß Sohn Jupiters, Gott! Und wie? wenn ers nun auch mit aller Empfindung jener Menschlichern Zeiten würde! Gott, Entdecker und Heiland dem Siechen an Leib und Seele! rettend hier einen Jüngling, der jetzt unter den ersten Rosen des Lebens, die er zu brechen glaubte, eine Feuerschlange fand — ihn (er kanns vielleicht allein!) ihm selbst, Ältern, der Nachkommenschaft, die durch Uns Lebens- oder Todvolles Daseyn erwartet, der Welt, der Tugend wiedergäbte!¹ Unterstützte hier den Mann, der ein Opfer seiner Verdienste durch Arbeit oder Gram ward, schenkte ihm die süßeste Belohnung, die er jetzt doch nur oft als ganzen Dank für sein Leben genießen konnte, ein heitres Alter! rettet ihn — vielleicht die Einzige Säule gegen hundert Unfälle der Menschheit, die den letzten Blick seiner Augen begleiten werden, nur Einige Jahre vom Grabe! Das Gute dieser Jahre sein: das Tröstende, Heitre, was dieser Todtenerweckte verbreitet, sein! in Zeiten, wo Ein geretteter Mann so viel thun, und wo auch die unschuldigere Menschheit auf wie hundert Weisen so elend erliegen kann — was bist du in den Zeiten, Arzt mit Menschlichem Herzen!

Was soll ich alle Stände und Klaßen durchgehen, der Gerechtigkeit, der Religion, der Wißenschaften, einzelner Künste — je höher jede in ihrer Art ist, je weiter sie würken kann; wie beßer und lieber! Eben weil du nur freiwillig so würken mußtest, weil nichts dich foderte oder zwang, in deinem Stande und Klaße so gut und groß und edel zu handeln: eben weil dich nichts so gar weckte und vielmehr alles zudrang, dich zu einem blos Mechanischen Diener deiner Kunst zu machen, und jede tiefere Empfindung einzuschläfern — vielleicht dies Ungewöhnliche, das dir statt Lorbeer gar Dornen auf dein Haupt pflanzte — um so reiner, stiller, Göttlicher ist deine verborgne, geprüftere Tugend: ist mehr als jene Tugend andrer Zeiten, die von Antrieben und Belohnungen geweckt, am Ende doch nur

---

1) A: wiedergebe!

Bürgerzubehör war und edle Pracht des Körpers! Die deine ist Lebenssaft des Herzens.

Wie müste ich reden, wenn ich das Verdienst derer beschreiben wollte, die würklich Säulen oder Angeln unsres Jahrhunderts sind, um die sich alles bewegt. Regenten! Hirten! Pfleger der Völker! — ihre Kraft mit den Triebfedern unsrer Zeit ist halbe Allmacht! Schon ihr Bild, ihr Anschauen, ihr Belieben, ihre schweigende, nur geschehenlaßende Denkart — sagt ihnen ihr Genius nur, daß sie zu was Edlerm da sind, als mit einer ganzen Heerde, als Maschiene, zu eignen — es sei auch so glorreichen Zwecken — zu spielen, diese Heerde auch, als Zweck! zu weiden, wenn mehr, für ein größeres Ganze der Menschheit zu sorgen — Regenten, Hirten, Pfleger der Völker! den Zepter der Allmacht in ihrer Hand! mit wenigen Menschenkräften! in Jahren! durch bloße Absicht und Aufmunterung, wie unendlich mehr zu thun, als jener Mogul auf seinem goldnen Throne thut, oder jener Despot auf einem Thron Menschenköpfe jetzt thun will! Wer unter bles Politischen Absichten erliegt: ist vielleicht im höchsten Stande so gemeinere Seele, als jener Linsenwerfer, nur glücklich, geworfen zu haben, oder jener Flötenspieler, der nur die Löcher trifft —

Mit dir rede ich lieber, Hirt deiner Heerde, Vater, Mutter in der armen Hütte! Auch dir sind tausend Antriebe und Lockungen genommen, die dir einst dein Vatergeschäft zum Himmel machten. Kannst dein Kind nicht bestimmen! wird dir frühe vielleicht in der Wiege schon mit einer Ehrenfeßel der Freiheit — höchstes Ideal unsrer Philosophen! — gezeichnet: kannsts nicht für Väterlichen Heerd, Vatersitten, Tugend und Daseyn erziehen — es mangelt dir also schon immer Kreis, und da alles verwirret ist, und läuft, die¹ erleichterutste Triebfeder der Erziehung, Absicht. Mußt besorgen, daß, so bald es dir aus den Händen gerißen wird, es

---

1) Das an A angehängte Druckfehlerverzeichniß verlangt fälschlich „dir" statt „die".

mit Einmal ins große Lichtmeer des Jahrhunderts, Abgrund! sank
— versunknes Kleinod! unwiederbringliche Existenz einer Menschen
seele! Der Blüthenreiche Baum, zu früh aus seiner Muttererde ge
rissen, in eine Welt von Stürmen verpflanzt, denen der härteste
Stamm oft kaum bestehet, vielleicht gar dahin eingepflanzt mit
verkehrtem Ende, Gipfel statt Wurzel, und die tramige Wurzel
in der Luft — er droht dir in Kurzem da zu stehn, verdorret,
scheußlich, Blüthe und Frucht auf der Erde! — Verzweifle nicht
im Hefen des Zeitalters! was dich auch drohe und hindere — er
ziehe. Erzieh um so beßer, sicherer, vester - für alle Stände
und Trübsale, wohin er geworfen werde! für Stürme, die auf
ihn warten! Unthätig seyn kannst du doch nicht: böse oder gut
erziehen mußt du: gut — und wie größere Tugend! wie grö
ßerer Lohn, also in jedem Paradiese leichterer Zwecke und
einförmigerer Bildung. Wie nöthiger hat jetzt die Welt Einen
der simplen Tugend erzognen, als sies jemals hatte! Wo alle
Sitten gleich und alle gleich eben, recht und gut sind — was
brauchts Mühe! Gewohnheit erzieht und Tugend verliert sich in
bloße Gewohnheit. Aber hier! Ein leuchtender Stern in der Nacht!
Demant unter Haufen Erde- und Kallsteine! Einen Menschen unter
Schaaren Affen und Politischer Larven — wie viel kann er weiter
bilden durchs stille, Göttliche Beispiel! Wellen um und nach sich
verbreiten vielleicht in die Zukunft! — Zudem denke, wie reiner
deine Tugend und edler! mehrere und größere Hülfsmittel
der Erziehung von gewißen Seiten, je mehr dir und deinem Jüng
linge äußere Triebfedern auf der andern Seite fehlen! — denke
zu welcher höhern Tugend du ihn erziehest, als zu der Lykurg und
Plato erziehen konnten und durften! - das schönste Zeitalter für
die stille, verschwiegne, meist verkannte, aber so hohe, sich
so weit verbreitende Tugend!

  Das dünkt mich also immer gewiß: je weniger es in unsern
Jahrhunderte geben mag, ganz und groß Gute: je schwerer die
höchste Tugend uns werden muß, und je stiller, verborg
ner sie anitzt nur werden kann — wo sie ist, um so höhere

edlere vielleicht einmal unendlich nützliche und Folgenschwan=
gere Tugend! Indem wir uns meistens verlaßen und verläug=
nen; können wir¹ manche unmittelbare Belohnungen nicht
genießen, streun das Saamenkorn in die weite Welt hin, ohne
zu sehen, wo es falle? wurzele? obs auch da nur einmal zum
Guten fruchte? Edler, ins Verborgne und Allweite zu säen,
ohne daß man selbst Ernte erwartet! und gewiß um so größer die
allweite Ernte! Dem wehenden Zephyr vertraue den Saamen: um
so weiter wird er ihn führen, und wenn einmal alle die Keime
aufwachen, zu denen auch der edlere Theil unsres Jahrhun=
derts still und schweigend beitrug — in welche selige Zeit verliert
sich mein Blick! —

* * *

Eben an Baumes höchsten Zweigen blühen und sprießen die
Früchte — siehe da die schöne Voraussicht des größesten der
Werke Gottes! Aufklärung — wenn sie uns gleich nicht
immer zu statten kommt, wenn wir gleich bei größerer Oberfläche
und Umfange an Tiefe und Grabung des Stroms verlieren:
gewiß eben damit, daß wir uns einem großen Ocean, schon
selbst ein kleines Meer, nähern. Associirte Begriffe aus aller
Welt: eine Käuntniß der Natur, des Himmels, der Erde,
des Menschengeschlechts, wie sie uns beinah unser Universum
darreichen kann — Geist derselben, Maße und Frucht bleibt für
die Nachwelt. Das Jahrhundert ist hinüber, da Italien
unter Verwirrung, Unterdrückung, Meuterei und Betrug seine Sprache,
Sitten, Poesie, Politik und Künste bildete — was gebildet
wurde, hat sein Jahrhundert überlebt: würkte weiter und ward
die erste Form Europens. Elend und Jammer, unter dem
das Jahrhundert des Französischen großen Königs seufzte, zum Theil
vorüber: die Zwecke, zu denen er alles wollte und brauchte, ver=
geßen, oder stehn als Puppen der Eitelkeit und Hohnlache müßig
da: all seine eherne Meere, die er selbst trug, und die Wände, wo
er immer selbst leibte, sind dem Gedanken jedwedes preisgegeben,

---

1) „wir" fehlt in A.

der auch nicht dabei denken will, was Ludwig wollte — aber
Geist der Künste an ihnen geübt, ist blieben. Die Forschungen
der Kraut= und Münz= und Edelstein= und Waßerwaage=
und Meßungsreisen bleiben, wenn alles verfallen ist, was
daran Theil hatt' und was dadurch litt und wozu es sollte!
Die Zukunft streift uns unsre Schlaube ab und nimmt den Kern.
Der kleine Zweig hat nichts davon, aber an ihm hangen die
lieblichen Früchte.

Wie nun? wenn einst alle das Licht, das wir in die Welt
säen, womit wir jetzt viel Augen blenden, viel elend machen und
verfinstern, allenthalben gemäßigt Lebenslicht und Lebens=
wärme würde — die Maße von todten aber hellen Kännt=
nißen, das Feld voll Beine, was auf= um= und unter uns
liegt, würde¹ — woher? wozu? — belebt — befruchtet —
welche neue Welt! wie glücklich, seiner Hände Werk in ihr genießen!
Alles bis auf Erfindungen, Ergötzlichkeiten, Noth, Schick=
sal und Zufall, strebt uns über eine gewiße gröbere Sinn=
lichkeit voriger Zeitalter zu erheben, uns zu einer höhern
Abstraktion im Denken, Wollen, Leben und Thun zu ent=
wöhnen — für uns nicht immer annehmlich, oft mißlich! Die
Sinnlichkeit des Morgenlands, die schönere Sinnlichkeit Griechen=
lands, die Stärke Roms hinüber: und wie elend trösten uns unsre
leidige Abstraktionströster und Sentenzen, worin uns oft
schon Beweggründe, Triebfedern und Glückseligkeiten be=
stehen müßen: das Kind wird auch von einer letzten Sinnlichkeit hart
entwöhnet — aber siehe das höhere Zeitalter, was vorwinkt
Kein Thor kanns leugnen, wenn die feinen Beweggründe, die
höhere, Himmlische Tugend, der abgezogenere Genuß irdi=
scher Seligkeiten der Menschlichen Natur möglich ist: äußerst
erhebend und veredelnd ist sie! Vielleicht also, daß jetzt an
dieser Klippe viele zu Grunde gehen! Vielleicht, und gewiß
haben jetzt unendlich wenigere diese Fenelonsche Tugend, als jene

---

1) A: wurde

Spartaner, Römer und Ritter die sinnliche Blüthe ihres Welt- und Zeitgeists. — Die breiten Landstraßen werden immer engere Fußtritte und Steilhöhen, auf denen wenige wandeln können — aber Höhen sinds und streben zum Gipfel! Welcher Zustand einmal auf dem krümmenden Schlangenwege der Vorsehung, wenn Haut und Hindernisse zurückgelassen, verjüngtes Geschöpf in neuem Frühlinge auflebet! — eine unsinnlichere, sich gleichere Menschheit! nun völlig Welt um sich, Lebenskraft und Principium, nach dem wir nur mühsam streben, in sich habend — welche Schöpfung! und wer, der die Wahrscheinlichkeit und Möglichkeit davon zu leugnen hätte? Verfeinerung und läuternder Fortgang der Tugendbegriffe aus den sinnlichsten Kindeszeiten hinauf durch alle Geschichte ist offenbar: Umherbreitung und Fortgang ins Weite offenbar: und das alles ohne Zweck? ohne Absicht?

Daß sich die Begriffe von Menschlicher Freiheit, Geselligkeit, Gleichheit und Allglückseligkeit aufklären und verbreiten, ist bekannt. Für uns nicht so gleich von den besten Folgen, oft dem ersten Anscheine nach, das Böse anfangs das Gute überwiegend: aber! —

Geselligkeit und leichter Umgang zwischen den Geschlechtern, hat er nicht die Ehre, Anständigkeit und Zucht beider Theile erniedrigt? für Stand, Geld und Artigkeit alle Schlößer der großen Welt aufgesprengt? die erste Blüthe des männlichen und die edelsten Früchte des weiblichen Geschlechts in Ehe- und Mutterliebe und Erziehung haben wie viel gelitten? ihr Schade sich wohin fortverbreitet? — Abgrund unersetzlicher Übel! da selbst die Quellen der Beßerung und Genesung, Jugend, Lebenskraft und beßere Erziehung verstopft sind! — Die schlankern, also leicht umher spielenden Äste können nicht anders als in ihrem zu früh und unkräftigen Lebensspiele mitten im Sonnenstrale verdorren! Unersetzlicher Verlust! — vielleicht für alle Politik unabhelfbar! für alle Menschenliebe nicht gnug zu beklagen — aber für die Hand der Vorsehung noch Werkzeug. Wenn hundert arme Geschöpfe hier mit vertrocknetem Gaum um die erste Quelle des Lebens, der Geselligkeit und Freude hinsinken, lechzen und verschmachten — die Quelle selbst, an denen sie sich unglücklich täuschten, läutert! Siehe, wie sie in spätern Jahren, vielleicht auch übertrieben, nun andre Früchte der Ergötzlichkeit suchen, sich neue Welten idealisiren und mit ihrem Unheil die Welt beßern! Abgelebte Aspasien bilden Sokrate: Ignaz seine Jesuiten: die Epaminondas aller Zeit erzeugen sich Schlachten bei Leuktra: Helden, Philosophen, Weise und Mönche von so unsinnlicher, höherer Tugend, Aufstrebung und Verdienstlichkeit — wie viele blos aus diesem Grunde! Wer zum Nutzen der Welt berechnen und wägen will, thus! Er hat große Summe von meistens nicht ungewißen Ausschlage vor sich: der Gang der Vorsehung geht auch über Millionen Leichname zum Ziel!

Freiheit, Geselligkeit und Gleichheit, wie sie jetzt überall aufkeimen — sie haben in tausend Mißbräuchen Übels gestiftet und werdens stiften. Wiedertäufer und Schwärmer verwüsteten Deutschland zu Luthers Zeiten, und jetzt bei der allgemeinen Vermischung der Stände, bei dem Heraufdringen der Niedern an die Stelle welker, stolzer und unbrauchbarer Hohen, um in Kurzem noch ärger als sie zu werden — die stärksten, nothwendigsten Grundplätze der Menschheit werden leerer: die Maße verderbten Lebensafts tritt tief hinunter. Und wenn eine Vormundschaft dieses großen Körpers um eines zeitigen vermehrten Appetits, oder eines scheinbaren Zusatzes von Kräften halber, zusieht, lobt und befördert — oder wenn sie auch aufs ärgste sich widersetzte: den Grund der „fortgehenden Verfeinerung und des Aufdringens zu Raisonnement, Üppigkeit, Freiheit und Frechheit" wird sie nimmermehr heben. Wie sehr das wahre freiwillige Ansehen der Obrigkeit, Ältern und höchsten Stände in der Welt, nur seit einem Jahrhunderte gefallen, ist bei einer kleinen Vergleichung unsäglich: auf zehnfache Weise tragen unsre kleine und große Große dazu weiterhin bei: Schranken und Schlagbäume niedergerissen: Vorurtheile, wie es heißt, des Standes, der Erziehung, und ja der Religion unter die Füße getreten und zu ihrem Schaden selbst verspottet: wir werden alle — durch einerlei Erziehung, Philosophie, Irreligion, Aufklärung, Laster, und endlich zur Zugabe, durch Unterdrückung, Blutdurst und unersättliche Habsucht, die schon die Gemüther weckt und zum Selbstgefühl bringt, werden wir alle — Heil uns! und nach vielen Unordnungen und Elende, Heil uns! was unsre Philosophie so rühmet und anstrebt — Herr und Knecht, Vater und Kind, Jüngling und die fremdeste Jungfrau, wir alle werden Brüder. Die Herren weißagen wie Kaiphas, aber freilich zuerst auf eigenen Kopf, oder das Haupt ihrer Kinder!

Wenn unsre „Menschenregierung" auch nichts mehr als schöne Hülle gewonnen hätte: den guten Schein und Anschein, die Sprache, die Grundsätze und Gesinnungen und Ordnung, die jetzt jedes Buch, und jeder junge Prinz, als ob er ein lebendiges Buch wäre, auf der Zunge führet — großer Fortgang. Versuche jemand, Machiavell und Antimachiavell zusammen zu lesen — Philosoph und Menschenfreund wird den Letzten verehren, seine unberührten mit Blumen und grünem Strauch bedeckte Moderstellen, und unsondirte Wunden, wo man nicht auf den Grund kommen wollen und mögen, willig übersehen und sagen: welch ein Buch! welch ein Prinz, der wie das Buch dächte! nur eingeständе, anerkennte, wüste, in beiläufigen Gesinnungen handelte, für Welt und Nachwelt welch ein Prinz! Statt grober, unmenschlich grausamer Tollheit könnten freilich Krankheiten herrschen, die eben so drückend und schädlicher sind, weil sie schleichen; gepriesen und nicht erkannt werden, und bis Mark und Bein in die Seele fressen. Das allgemeine Kleid, von Philosophie und Menschenliebe kann Unterdrückungen verbergen, Eingriffe in die wahre, Persönliche Menschen- und Landes-, Bürger- und Völkerfreiheit, wie Cäsar Borgia sie nur wünschte: alles das den angenom-

menen Grundsätzen des Jahrhunderts gemäß mit einem
Anstande von Tugend, Weisheit, Menschenliebe und Völ-
lervorsorge: das also geschehen kann und fast muß — Lob-
redner dieser Hüllen seyn, als ob sie Thaten wären, mag ich
nicht: ohne Zweifel hätte auch Machiavell in unserm Jahrhunderte nicht geschrieben, wie er schrieb, und Cäsar in
andern Beziehungen nicht handeln dürfen wie damals: im Grunde
würde noch mit alle dem Nichts als Kleid geändert. Aber auch
nur dies geändert, ist Wohlthat. Daß in unserm Jahrhunderte
jeder, der wie Machiavell schriebe, gesteinigt würde — Doch
ich nehme mein Wort zurück — wer für die Tugend ärger als
Machiavell schreibt, er wird nicht gesteinigt — er schreibt Philosophisch, witzig, Französisch und ja — ohne Religion.
Also „wie Unser Einer!" Und — desavouirt ja seine
Schriften! —

Ausgelassenheit zu denken, wenns nur mit gewissen
Konvenientien des Wohlstands geschieht, (der wahre Wohlstand
darf um so ferner seyn!) auch selbst auf diesem giftigen aus-
schweifenden Baume sprossen gute Früchte! Glaubt ihr nicht,
daß dieser Sinn und Unsinn, den man jetzt gegen die Religion
so ungescheuet saget, einst vortrefliche Würkungen haben werde?
Von Erläuterungen, Rechtfertigungen und Beweisen der
Religion abstrahirt, die oft nicht viel beweisen, ich weiß nicht
welcher große Mann ein nächstes Jahrhundert des Aberglaubens
prophezeihte, weil das unsre sich in so dummen Unglauben erschöpfte. — Aber wies auch laufe, (und es wäre schlimm, wenn
nur Aberglaube wieder den Unglauben abwechseln könnte, und
der ewige elende Kreislauf nicht weiter brächte!) Religion, Vernunft und Tugend müßen durch die tollesten Angriffe ihrer
Gegner unfehlbar einmal gewinnen! — Der Witz, die Philosophie, die Freiheit zu denken, war gewiß zu diesem neuen
Throne nur wider Wißen und Willen Gerüst: plötzlich einmal
die Wolke zertheilet, und wenn sie denn dastehn, wird in voller
Glorie die allleuchtende Sonne der Welt. —

Auch der grosse Umfang und die Allgemeinheit, in der das alles läuft, sehen wir, kann dazu offenbar ein unbekanntes Gerüste werden. Je mehr wir Europäer Mittel und Werkzeuge erfinden, euch andern Welttheile zu unterjochen, zu betrügen und zu plündern — vielleicht ist's einst eben an euch zu triumphiren! Wir schlagen Ketten an, womit ihr uns ziehen werdet: die umgekehrte Pyramiden*) unsrer Verfassungen, werden auf eurem Boden aufrecht kommen, ihr mit uns — gnug, sichtbarlich geht alles ins Grosse! Wir umfassen, womit es sey, den Kreis der Erde, und was darauf folgt, kann wahrscheinlich nie mehr seine Grundlage schmälern! wir nahen uns einem neuen Auftritte, wenn auch freilich blos durch Verwesung! —

Eben daß sich unsre Denkart in Gutem und Bösem verfeinet, und sich eben damit unsre stärkere, sinnlichere Grundsätze und Triebfedern abreiben, ohne daß der grössere Hauje etwas dagegen noch bisher an die Stelle zu setzen Lust oder Kraft hätte: wohin muß uns dies bringen? Die sinnlichen starken Bande der alten Republiken und Zeitalter sind längst (und es ist Triumph unsrer Zeit!) aufgelöst: an den feinern Banden unsrer Zeit nagt alles: Philosophie, Freigeisterei, Üppigkeit, und eine Erziehung zu diesem allen von Gliede zu Gliede, tiefer und weiter verbreitet — die meisten unsrer Politischen Triebfedern muß sogar schon die ruhige Weisheit verdammen oder verachten, und der Streit zwischen dem Christenthume und der Weltart ist ein wie alter Vorwurf und Skrupel zu beiden Seiten! Da sich also Schwäche in nichts als Schwäche endigen, und eine überstrengte Anziehung und Mißbrauch des letzten geduldigen Wurfs der Kräfte nichts als jenen völligen Hinwurf beschleunigen kann — doch es ist nicht mein Amt weißagen!

Noch minder weißagen, "was allein Ersatz und Quelle neuer Lebenskräfte auf einem so erweiterten Schauplatze

---

*) Ritter Temple verglich eine gewisse Regierungsform mit dem Bilde!

seyn könne, werde und fast seyn müße? woher neuer Geist alle das Licht und die Menschengesinnung, auf die wir arbeiten, zu der Wärme, zu der Bestandheit, und zu der Allglückseligkeit bringen könne und werde?" Ohne Zweifel rede ich noch von fernen Zeiten!

Laßet uns, meine Brüder, mit muthigem, frölichen Herzen auch mitten unter der Wolke arbeiten: denn wir arbeiten zu einer großen Zukunft.

Und laßet uns unser Ziel so rein, so hell, so Schlacken=frei annehmen, als wirs können: denn wir laufen in Irrlicht und Dämmerung und Nebel.

* * *

Wenn ich da Thaten sehe, oder vielmehr schweigende Merkmale von Thaten ahnde aus einem Geiste, der für die Hülle seiner Zeit zu groß, und für ihr Lobgeschrei zu still und blöde dahingeht und im Finstern säet: Samenkörner, die wie alle Gotteswerke und Schöpfungen vom kleinen Keim anfangen, denen mans aber beim ersten kleinen Sprößlein, so lieblich ansiehet und anreucht, daß sie Schöpfung Gottes im Verborgenen seyn werden — und wärens Anlagen insonderheit zur edelsten Pflanze der Menschheit, Bildung, Erziehung, Stärkung der Natur in ihren bedürftigsten Nerven, Menschenliebe, Sympathie und Brüderglückseligkeit — heilige Pflanzen, wer ist unter euch gewandelt, daß ihn nicht ein Schauer beßerer Zukunft ergriffe, und er euren Urheber klein und groß, König und Knecht, nicht im stillesten Abend= Morgen= und Mitternachtopfer segne! Alle bloß Körperliche und Politische Zwecke zerfallen, wie Scherb' und Leichnam: die Seele! der Geist! Inhalt fürs Ganze der Menschheit — der bleibt: und wohl, wem da aus der reinen, untrübbaren Lebens= quelle viel ward! —

* * *

Es ist fast unvermeidlich, daß eben das Höhere, Weitver=breitete unsres Jahrhunderts auch Zweideutigkeiten der besten und schlimmsten Handlungen geben muß, die bei engern, tiefern Sphären wegfielen. Eben daß niemand fast mehr weiß, wozu er würkt: das Ganze ist ein Meer, wo Wellen und Wogen, die wohin? aber wie gewaltsam! rauschen — weiß ich, wohin ich mit meiner kleinen Woge komme? — Nicht blos Feind und Verläumder wird die Beginnen des würksamsten besten Mannes oft in ein zweifelhaftes Licht stellen können; vielleicht wird selbst dem warmen Bewunderer in kältern Stunden auch Nebel und Doppellicht erscheinen. Alle Radien sind schon dem Mittelpunkte so fern — laufen alle, wohin? und wenn werden sie dahin kommen?

Man weiß, was man allen Reformatoren aller Zeiten vorgeworfen, daß wenn sie einen neuen Schritt thaten, sie auch immer hinter sich Lücken ließen, vor sich Staub und Erschütterung machten, und unter sich Unschuldiges zertraten. Die Reformatoren der letzten Jahrhunderte trift das sichtlicher und doppelt. Luther! Gustav Adolph! Peter der Grosse! Welche drei haben in den neuern Zeiten mehr verändert? edleren Sinnes geändert? — und sind ihre, zumal unvorhergesehne Folgen, allemal zugleich unwidersprüchliche Zunahmen des Glücks ihrer Nachkommen gewesen? Wer die spätere Geschichte kennt, wird er nicht manchmal sehr zweifeln?

Ein Monarch, dessen Namen unsre Zeit mehr trägt und zu tragen verdient, als das Zeitalter Ludwigs

— den uns
sein Jahrhundert mit aufbewahrt!

welche neue Schöpfung Europa's hat er von seinem Flecke her in dreißig kurzen Jahren bewürkt! — In Kriegs- und Regierungskunst, in Behandlung der Religion und Einrichtung der Gesetze, als Apollo der Musen, und als Privatmann unter der Krone — dem allgemeinen Scheine nach das Muster der Monarchien — welch ein Gutes gestiftet! Aufklärung, Philosophischen Geist und Mäßigung vom Throne ringsum verbreitet! Orientalischen, dummen Pracht, Schwelgerei und Luxus, der vormals oft das einzige Goldgehäge der Höfe war, wie erschrecklich zertrümmert und verjaget! Fette Unwißenheit, blinden Eifer und Aberglauben überall wie tief verwundet! Sparsamkeit und Ordnung, Regelmäßigkeit und Fleiß, schöne Künste und einen sogenannten Geschmack frei zu denken — wie hoch erhoben! — Das Jahrhundert trägt sein Bild, wie seine Uniform: Jahrhundert ohne Zweifel die größte Lobrede seines Namens. — Indeß wird auch eben die Münze, das Brustbild weggelehrt, und das bloße Resultat seiner Schöpfung als Menschenfreund und Philosoph betrachtet, ohne Zweifel einmal etwas mehr und anders zeigen! Zeigen vielleicht, wie durch ein natürlich Gesetz der Unvollkommenheit Menschlicher Handlungen mit der Aufklärung, auch eben so viel luxurirende Mattigkeit des Herzens — mit Sparsamkeit, ihr Zeichen und Gefolge Armuth — mit Philosophie, blinder kurzsichtiger Unglaube — mit Freiheit zu denken, immer Sklaverei zu handeln, Despotismus der Seelen unter Blumenketten — mit dem großen Helden, Eroberer und Kriegsgeist, Erstorbenheit, Römerverfaßung. wie da Armeen alles waren, Verfall und Elend sich habe verbreiten müßen! Zeigen, was Menschenliebe, Gerechtigkeit, Mäßigkeit, Religion, Wohl der Unterthanen — alle bis auf einen gewißen Grad als Mittel zum Erreichen behandelt — was alle das auf seine Zeit — auf Reiche ganz andrer Verfaßung und Ordnung — auf Welt und Nachwelt für Folgen haben müßen! — Die Waage wird schweben? steigen — sinken — welche Schaale? was weiß ich? —

„Der Schriftsteller von hundert Jahren,*) der ohne Zank und Widerspruch wie ein Monarch auf sein Jahrhundert gewirkt hat — von Lißabon bis Kamtschatka, von Zembla bis in die Kolonien von Indien gelesen, gelernt, bewundert, und was noch mehr ist, befolgt — mit seiner Sprache, mit seinen hundertfachen Talenten der Einkleidung, mit seiner Leichtigkeit,

---

*) Voltär.

mit seinem Schwunge von Ideen auf lauter Blumen — am allermeisten dadurch, daß er auf der glücklichen Stelle geboren wurde, die Welt zu nützen, Vorgänger und Nebenbuhler zu nützen, Gelegenheiten, Anläße, zumal Vorurtheile und Lieblingsschwächen seiner Zeit, zumal ja die nutzbarsten Schwächen der schönsten Bräute seiner Zeit, der Regenten in ganz Europa zu nützen — dieser grosse Schriftsteller, was hat er nicht ohne Zweifel auch zum Besten des Jahrhunderts gethan! Licht verbreitet, so genannte Philosophie der Menschheit, Toleranz, Leichtigkeit im Selbstdenken, Schimmer der Tugend in hundert liebenswürdigen Gestalten, verdünnte und versüßte kleine Menschliche Neigungen — als Schriftsteller ohne Zweifel auf der größten Höhe des Jahrhunderts! — Aber nun zugleich damit, was für elenden Leichtsinn, Schwäche, Ungewißheit und Kälte! was für Seichtigkeit, Planlosigkeit, Scepticism an Tugend, Glück und Verdienst! — was mit seinem Witze weggelacht, ohne es zum Theil weglachen zu wollen! — sanfte, angenehme und nothwendige Bande mit frevelnder Hand aufgelöset, ohne uns, die wir nicht alle au Chateau de Fernay residiren, das mindeste an die Stelle zu geben? Und durch welche Mittel und Wege hat er selbst sein Bestes erlangt? wem[1] er uns mit alle der Philosophie und Schönliebhaberei der Denkart ohne Moral und veste Menschliche Empfindung denn in die Hände liefere? — man kennet die grosse Kabale gegen und für ihn, weiß, wie anders Roußeau predige? Vielleicht gut, daß beide predigen, weit von einander und in manchem beide einander aufhebend — oft das Ende Menschlichen Beginnens! die Linien heben sich auf, aber ihr letzter Punkt steht weiter! — —

Kein grosser Geist, durch den das Schicksal Veränderung bewürkt, kann freilich mit allem, was er denkt und fühlt, nach der Gemeinregel jeder mittelmäßigen Seele gemeßen

---

1) A: wenn; „wem" ist Herders eigne Correctur im Druckfehlerverzeichniß; die Stelle ist aber dadurch nicht hergestellt.

werden. Es gibt Ausnahmen höherer Gattung, und meist alles Merkwürdige der Welt geschieht durch diese Ausnahmen. Die graden Linien gehen nur immer gerade fort, würden alles auf der Stelle laßen! wenn nicht die Gottheit auch außerordentliche Menschen, Kometen, in die Sphären der ruhigen Sonnenbahn würfe, fallen und im tiefsten Falle sich wieder erheben ließe, wohin kein Auge der Erde sie verfolget. Auch thuts nur Gott oder unter Menschen ein Thor, daß er jede fernste moralische oder unmoralische Zwischenfolge einer Handlung auf die Rechnung des Verdienstes und der ersten Absicht des Handelnden setzet! Wer fände sonst in allem in der Welt mehr Ankläger, als der erste und einzige Handler, der Schöpfer! — Aber, meine Brüder, laßet uns ja die Pole nicht verlaßen, um die sich alles dreht, Wahrheit, Bewußtseyn des Wohlwollens, Glückseligkeit der Menschheit! laßt uns am allermeisten auf der größten Höhe des Meers, auf welcher wir jetzt schweben, in Irr= und Nebellichte, das vielleicht ärger ist, als völlige Nacht, laßet uns da fleißig nach diesen Sternen, den Punkten aller Richtung, Sicherheit und Ruhe hinsehen, und denn mit Treue und Emsigkeit unsern Lauf steuren.

*   *   *

Groß muß das Ganze seyn, wo in jeder Einzelnheit schon so ein Ganzes erscheint! in jeder Einzelnheit aber nur auch immer so ein unbestimmtes Eins, allein aufs Ganze, sich offenbaret! Wo kleine Verbindungen schon großen Sinn geben, und doch Jahrhunderte nur Sylben, Nationen nur Buchstaben, und vielleicht Interpunktionen sind, die an sich nichts, zum leichtern Sinne des Ganzen, aber so viel bedeuten! Was, o einzelner Mensch, mit deinen Neigungen, Fähigkeiten und Beiträge bist du? — und willt, daß sich an dir allseitig die Vollkommenheit erschöpfe? —

Eben die Eingeschränktheit meines Erdpunktes,[1] die Blendung meiner Blicke, das Fehlschlagen meiner Zwecke, das Räth=

---
1) a: Standes.

ſel meiner Neigungen und Begierden, das Unterliegen meiner
Kräfte nur auf das Ganze eines Tages, eines Jahrs, einer
Nation, eines Jahrhunderts[1] — eben das iſt mir Bürge, daß
ich Nichts, das Ganze aber Alles ſey! Was für ein Werk,[2]
zu dem ſo viel Schattengruppen von Nationen und Zeiten,
Koloßenfiguren faſt ohne Geſichtspunkt und Anſicht, ſo viel
blinde Werkzeuge gehören, die alle im Wahne des Freien
handeln und doch nicht wiſſen, was? oder wozu? die nichts überſehen, und doch ſo eifrig mithandeln, als wäre ihr Ameiſen-
haufe das Weltall — was für ein Werk dies Ganze! Bei
der kleinſten Spanne, die wir davon überſehen, ſo viel Ordnung und ſo viel Wirrung, Knote und Anlage zur Auflöſung — beides eben für die überſchwängliche Herrlichkeit im
Allgemeinen, Sicherheit und Gewährleiſtung. Elend klein müßte
es ſeyn, wenn ich, Fliege, es überſehen könnte! wie wenige Weisheit und Mannichfaltigkeit, wenn ein durch die Welt Tau-
melnder, der ſo viel Mühe hat, nur Einen Gedanken veſt zu
halten, nie eine Verwickelung fände? — In einer Spanne, die
nichts iſt, und wo doch tauſend Gedanken und Saamenkörner
zugleich ſtreben: in einem halben Zeitmaas der Tonkunſt
von zwei Schlägen, wo ſich aber eben vielleicht die ſchwerſten
Töne zur ſüſſeſten Auflöſung wickeln[3] — wer bin ich, daß ich
urtheile, da ich eben nur den groſſen Saal queer durchgehe,
und einen Seitenwinkel des groſſen verdeckten Gemäldes im
dunkelſten Schimmer beäuge? Was Sokrates zu den Schriften eines
Menſchen ſagte, der eingeſchränkt wie er mit ihm in Einem
Maaße der Kräfte ſchrieb — was ſoll ich zu dem groſſen
Buche Gottes ſagen, das über Welten und Zeiten gehet!
von dem ich kaum eine Letter bin, kaum drei Lettern um mich
ſehe —.—

Unendlich klein für den Stolz, der Alles ſeyn, wißen,
würken und bilden will! unendlich groß für die Kleinmuth,

---

1) a: auf das Ganze eines . . . . Jahrhunderts berechnet
2) a: Was muß es für ein Werk ſeyn,   3) entwickeln (?)

die sich Nichts zu seyn getrauet — beide nichts als einzelne Werkzeuge im Plane einer unermeßlichen Vorsehung!

Und wenn uns einst ein Standpunkt würde, das Ganze nur unsres Geschlechts zu übersehen! wohin die Kette zwischen Völkern und Erdstrichen, die sich erst so langsam zog, denn mit so vielem Gekllirr Nationen durchschlang und endlich mit sanfterm aber strengerm Zusammenziehen diese Nationen binden und wohin? leiten sollte — wohin die Kette reicht? wir sehen die reife Ernte der Saamenkörner, die wir aus einem blinden Siebe unter die Völker verstreut, so sonderbar keimen, so verschiedenartig blühen, so zweideutige Hoffnungen der Frucht geben, sahen — wir habens selbst zu kosten, was der Sauerteig, der so lang, so trüb und unschmackhaft gährte, endlich für Wohlgeschmack hervorbrachte zur allgemeinen Bildung der Menschheit — Fragment des Lebens, was warest du? —

— quanta sub nocte iacebat
Nostra dies!

Wohl aber, wen sein Lebensfragment auch alsdann nicht gereuet!

Βλεπομεν γαρ εστι δι εσοπτρου εν αινιγματι, τοτε δε προσωπον προς προσωπον εστι γινωσκω εκ μερος, τοτε δε επιγνωσομαι, καθως και επεγνωσθην. Νυνι δε μενει πιστις, ελπις, αγαπη, τα τρια ταυτα. μειζον δε τουτων η αγαπη.

---

1) s. den Anhang, unten S. 593. 594.

Anhang.

1.

Die Aufschrift des frühesten Entwurfs, von dem nur vier Seiten erhalten sind: lautet:

„Was für Tugenden oder Untugenden haben die Menschen zu allen Zeiten beherrscht? und ist der Hang der Menschen mit der Zeit verbeßert oder verschlimmert worden? oder sich immer gleich geblieben?"

Sie ist in der Überarbeitung, von der gleichfalls nur noch vier Seiten vorliegen, folgendermaßen geändert worden:

„Haben die Neigungen der Menschen sich von Zeit zu Zeit verändert? und welches sind die Tugenden und Laster, die sie hie und da mehr oder minder beherrscht haben?"

Die erste fertige Ausarbeitung (a) hat keinen Titel; folgende einleitende Gedanken gehen dem Beginne der Druckgestalt (A) voraus:

Metaphysisch diese Frage zu entwickeln, dünkt mich ganz außer Zweck und Ort. Das Menschliche Herz ist an Neigungen, so wie der Geist an Fähigkeiten sich immer gleich geblieben, und was man auch für Engel- oder Teufelgestalten sich manchmal an ihm hat denken wollen, nur immer Mensch gewesen. Trotzig und verzagt, in Bedürfniß strebend, in Ruhe und Üppigkeit ermattend, ohne Anläße und Übungen nichts, durch sie in allmälichem Fortgange beinah Alles, was man gewollt hat — ein Ungeheuer oder die bedeutendste Hieroglyphe alle des Guten und Bösen, wovon die Geschichte voll ist — welcher Mahler der Seele könnts mit Einem Zuge mahlen?

Auch Historisch und Physisch setze ich so gleich einige Bemerkungen als ausgemacht voraus, über welchen der Philosophische Geist unsres Jahrhunderts nur vielleicht schon zu viel gedichtet und gebrütet hat. Daß es eine gewiße Schöpfung und Einfluß des Klima, also gewiße National- und Provinziallaster, Kräfte und Tugenden gebe, daß in manchen Erd- und

Himmelsstrichen manche Neigungen, wie manche Gewächse nur schwach und saftlos fortkommen müssen, in andern aber mit ganzer voller Natur aufstreben — ich darf diese Physik der Geschichte, Seelenlehre und Politik im Ganzen, als zugegeben, voraussetzen: ob es gleich im Einzeln bei der Verrechnung und Zusammenrechnung dieser mit andern würkenden Ursachen, und also in der ganzen Anwendung dieser Geographie der Menschheit ewige Ungewißheit und Verwirrung geben wird, weil immer nebenan zu viel und zu ungleichartige Kräfte würken.

Auch Politisch wird der Kreislauf vorausgesetzt, zu dem im Einzeln jede Nation, und vielleicht jedes Menschliche Unternehmen bestimmt zu seyn scheint, nehmlich alle die Ziffern ringsum zu durchlaufen, die nur dieser Zeiger auf diesem Zifferblatte berühren mag. Es ist eine Bemerkung, die sich dem blödesten Geschichtschreiber hat unter die Augen drängen müssen, daß jedes Volk, wie jede Kunst und Wißenschaft seine Periode des Wachsthums, der Blüthe und der Abnahme habe, und da jene meistens mit den Zeiten der Tugend und des Bedürfnißes, diese des Luxus und der Ruhe zu sammentrift, zwischen welchen die Mittlere, höchste Höhe nur eine kurze Zeit, und vielleicht das Minimum einnimmt, was ihr nur zugegeben werden konnte: so sind eben hieraus die weiten und breiten Fragen von Nationalarmuth und Luxus, Strebsamkeit und Ruhe, Tugenden und Lastern ausgegangen, die zum Theil mit zum Kreislaufe der unnützen Fragen gehören, die der Menschliche Verstand durchlaufen, keine Menschliche Kraft aber auflösen oder anwenden soll. Da die Neigungen einer Nation hier immer im Rade ihres Schicksals liegen, und von ihm umgerüttelt und mitgeführt werden: so kann ein Politischer Weltweise sich freilich einen Augenblick erheben und einen Abschnitt des Rades übersehen, auch darüber seine unmaasgebliche Meinung sagen; demohngeachtet aber wälzt sich Rad und Nagel, nebst allem, was dazu gehört, ihn selbst nicht ausgenommen fort.

Nach Abrechnung alle dieser Fragen, die zu sehr ins Große oder ins Kleine gehen würden, setzen wir uns das Eine Problem fest, deßen Auflösung vielleicht auch alle vorigen übertrüfe „gibts Historisch und Physisch einen gewißen Fortgang der Neigungen des Menschlichen Geschlechts? kann man im Bande der mancherlei Zeitläufte, Verbindungen und Revolutionen der Völker dieses Erdballs einen Faden und Plan der Bildung bemerken, nach und nach gewiße Neigungen und Kräfte im Menschlichen Herzen zu entwickeln, zu denen man vorher und auf anderm Wege keine deutliche Spur sahe? und welches wären nun auf diesem Wege die Neigungen, die hie und da entwickelt wären, von denen man voraus oder nebenan noch keine Spur fände, die so und jetzt entstehen, aufgären, abnehmen und wieder andre hervorbringen mußten? kurz, gibts einen Faden der Entwicklung Menschlicher Kräfte durch alle Jahrhunderte und Umwandlungen in der Hand des

Schicksals, und kann ihn ein Menschliches Auge bemerken — welches ist Er!" Die Frage enthält entweder die tiefste, angenehmste und nützlichste Philosophie aller Geschichte, oder sie ist außer und über Menschlichem Gesichtskreise. Sie muß sich entweder auf ein Studium des Menschlichen Herzens in seinen verschiedensten Gestalten, unter dem mannichfaltigsten Einfluß der Zeiten, Bedürfnisse, Zufälle, Sitten, Gewohnheiten, Regimentsformen u. dgl. gründen, oder sie schildert einen Traum.

Und um den letztern nicht zu schildern, erlaube man gleich zu Anfange noch die Absondrung zweyer Nebenbegriffe, die alles verwirren könnten, nehmlich den „von Moralischer Tugend, und von Glückseligkeit der Menschen in dieser Folge oder in diesem Kreislaufe ihrer Neigungen." Zu Beiden fehlt uns nicht blos noch ein richtiger Maaßstab, sondern es könnte gar vielleicht seyn, daß die Menschliche Natur eine solche Biegsamkeit und Wandelbarkeit hätte, sich auf den verschiedensten Stellen ihrer Würksamkeit auch das verschiedenste Ideal ihrer Handlungen zu dem was man Tugend, und das verschiedenste Ideal ihrer Empfindungen, zu dem was man Glück nennet, ausbilden und sich so lange darinn erhalten zu können, bis sich die Umstände ändern, und man weiter bildet. Wer hätte nun Biegsamkeit und Wandelbarkeit gnug, sich allezeit in dies innere Gefühl zu setzen, ohne welches über beide Namen nichts ausgemacht werden könnte? Es sei uns also gnug, von außen das Phänomenon der mancherlei Kräfte und Neigungen zu zeichnen, ohne zu untersuchen, wie viel Jede Jedesmal von Moralischer Tugend in sich gehabt oder zur Glückseligkeit des Theils, des Ganzen, und welches Ganzen? beigetragen habe? Wir suchen und wägen Kräfte, nicht das Schattenbild ihrer Abstraktionen und Folgen, die sich vielleicht mit jedem Stral der Sonne ändern. Und wie viel hätten wir schon bei dem Ersten Geschäfte übernommen!

Gewiß nicht blos die leidige und so oft behandelte und mißhandelte Frage, „ob sich die Welt verbessert oder verschlimmert habe?" denn die haben wir eben damit von Seiten der Sitten und der Glückseligkeit abgesondert: als vielmehr den Saft und Kern aller Geschichte zu suchen, aus dem sich nachher über alle Plane zu Bildung und Veränderung Menschlicher Neigungen so viel ausmachen ließe. Da sich alle Sitten auf Neigungen gründen, und alle Menschliche Veranstaltungen Sitten bilden oder voraussetzen: da es die Lieblingsideen sind, an denen unser Jahrhundert sinnet und arbeitet, zu dieser Bildung oder Umbildung der Menschlichen Neigungen beizutragen, und wir würklich in mancherlei Absicht in einer so merkwürdigen Krisis des Menschlichen Geistes, warum nicht auch des Menschlichen Herzens? leben: so stelle ich mir die Resultate meiner Untersuchung so groß und nützlich vor, daß ich mir nur den Genius zum Leiter und zur Muse meiner Betrachtungen wünschte, der Genius des Menschlichen Geschlechts in

allen seinen Zuständen war, und unsichtbar den Faden der Entwicklung seiner
Kräfte und Neigungen leitete, noch leitet, und allein ganz übersieht.

2.

„Daß nun (S. 481₁₀) — auf ihnen ruht. (S. 483₁₃)"

a: Und daß diese Ader der Neigungen selbst bis in Zustände geflossen
sey, wo wir aus einem Gefühl unsrer Zeit oft fremde, zu schreckliche Ideen
einmischen, dörfte wohl eine kleine Induktion zeigen. Der Despotismus des
Orients, den wir meistens aus den übertriebensten, gewaltsamsten Erscheinungen allein abgesondert, und gegen welchen wir nach Europäischen Begriffen auch fast nie zu viel Gegengefühl haben können, war doch an seinem
Ort und zu seiner Zeit gewiß nicht das schreckliche Ding, das wir uns an
ihm einbilden. Allein nehmlich aus dem Zustande des Väterlichen Regiments, Orientalischen Gefühls und Patriarchischer Hirtenlebensart entsprossen,
war er dem Menschlichen Geschlecht in einer gewissen Kindheit nicht weniger
nöthig, als noch jedwedem Kinde zu seiner ersten Erziehung Väterliche Autorität. Wie es in jedem Menschenleben ein Alter gibt, wo wir durch trockne
und kalte Vernunft wenig oder nichts, aber durch Vorurtheile der Neigungen
und Gewohnheit Alles lernen; wie diese sogenannten Vorurtheile uns nützlicher sind, als alle spätere Vernunftentwicklungen, die vielleicht nur jene
auseinander setzen können: wie sie die stärksten, ewigsten, fast Göttlichen
Eindrücke und die Grundsäulen Alles dessen werden müssen, was später über
sie gebaut wird: so gabs auch gewiß Zeiten, wo ein dergleichen Väterliches,
Herrliches und Königliches Ansehen Gottes Stelle vertrat und Dinge ausrichtete, die wir jetzt mit aller kalten Philosophie wohl unterlassen müssen:
wo das was Recht und Gut war oder wenigstens so dünkte, durch eine
Autorität vestgeschlagen wurde, die wenigstens nicht allemal im bösesten Verstande durch Furcht oder Zwang würkte.

3.

„Machtsprüche Lobes (S. 507₂₃) — Wahrheit? (S. 508₂₃)"

a: Weg also mit allen einseitigen Verdammungen oder Tugendlobsprüchen, die wir Einem Lieblingsvolke, etwa nach Einem Lieblingsgesichtspunkt, Modevorurtheil oder Ähnlichkeit mit unserm Jahrhunderte geben. Jene
Römer konnten an Stärke, Tapferkeit, Muth und Großmuth Handlungen
thun, die ihnen vielleicht keine Nation, oder kein Einzelner Einer Nation

nachthun kann: warum? sie standen auf einer Welthöhe, in einem Kreise so auszeichnender Gelegenheiten zu Tugenden der Art, waren durch hundert Anläße von Jugend auf allein für diese glänzende Seite gebildet — was Wunder also, daß dies ihre glänzende Seite war? Und was Wunder, daß das die glänzende Seite eines kleinen Hirten= oder Ackervolks zwischen Ge= bürgen nicht war und nie werden konnte? Und was Wunder, daß wieder ein edler Römer auf seiner Höhe und im Drange seiner Noth Grausam= keiten beschließen konnte, die das Blut so vieler Unschuldigen wie Waßer achteten, und die denn freilich wohl kein Ackermann in Ägypten auf seiner Seele hatte? Auf seiner Höhe, auf dem Gipfel einer Riesenmaschine war leider! eine solche Aufopferung Kleinigkeit, Noth, oder gar (arme Mensch= heit, welcher Zustände bist du fähig!) Wohlthat! Und nun siehe! nur eben die Maschiene, die dergleichen weitreichende Laster möglich machte, machte auch zu dergleichen Tugenden fähig. Die Menschheit ist einmal kein Gefäß der Vollkommenheit! Gipfel und Thal, edle Spartaner und arme Heloten, Römische Helden und Menschenwürger wohnen immer beisammen: eins ist kaum ohne das andre möglich. Es kann also immer schöne Dichtkunst geben, wenn man sich auf eine oder die andre Weise solche Lieblingsvölker und Gegenden wählet, auch kann die Dichtkunst sehr nützlich angewandt werden, weil der Mensch auch durch schöne Vorurtheile sehr veredelt werden kann: nur billig sollte ein Geschichtschreiber oder Philosoph nie ein solcher Dichter seyn wollen, wie es doch die meisten insonderheit der ersten Klaße sind, wo fast jeder von Herodot bis zu Hume seine Lieblingszeit, sein Lieblingsvolk, seine Lieblingssitte hat, nach der er alles andre modelt. Das Gute ist auf der Erde ausgestreut: weil Eine Gestalt und Ein Jahrhundert es nicht faßen konnte, wards in tausend Gestalten vertheilt, und wandelt langsam durch alle Jahrhunderte hin: wollen wir ihm auf diesem tausendgestaltigen Prometheusgange nicht folgen, thun wir uns selbst und der Wahrheit den größten Schaden.

4.

„III. Und der allgemeine (S. 511₃₃)" bis zum Ende des ersten Ab= schnittes (S. 613₆₄).

a: Und nun könnte schon die nöthigste Folgerung anfangen „wie sonder= bar, verkehrt und unnütz es sei, wenn wir so oft Ein Lieblingsvolk der alten Welt aus seinem Ort, Zeitalter, Klima, Sitz und Stelle reißen, und zum unpaßenden Vorbilde unsrer Sitten, Tugenden, Einrichtungen und Glückseligkeit aufdringen wollen." Kannst du dem Jahrhundert, dem Volke, den Weltumständen, worinn es ist, auf Einmal vorher Neigungen, Seele,

Natur des Volks und Jahrhunderts geben, was du liebst, dieser Patriarchen, jener Griechen, jener Römer — Heil deinem schöpferischen Vorsatze. Nun aber, da du das nicht kannst; nicht blos die völlige Verschiedenheit beider Naturen und Zeitläufte übersiehst, sondern auch nur von jenem offenbar Eine Seite wahrnimmst (denn sonst würdest du es ganz, gesehen, nicht überpflanzen wollen!) siehest du nicht, edler Patriotischer Thor, daß diese schöne Blume nicht, als in dieser Jahrszeit, in dem Boden, unter dem Himmel blühen konnte, nothwendig also verwelken müßte, wenn du sie ausgrübest und so fernhin verpflanztest: wie nun, da du an Wurzel und Ausgraben gar nicht denkest, und mit der läßigsten Hand allein ein paar Blätter, eine dir gefallende Blüthe abraufest — kaum im mindesten das gedeihen ——— Doch es ist zu früh von diesen falschen Anwendungen fremder Neigungen zu reden, ehe wir das Gemälde bis auf unsre Zeit geleitet: so dann wird sich der Kontrast, mithin die Nutzlosigkeit des alten von selbst zeigen.

5.

„Das war (S. 536₁₀₂) — Welt. (S. 537₁₀₄)"

a: Der Geist der Philosophie, der von wie kleinen Anfängen in alle Wissenschaften, Künste, Gewohnheiten, Häuser und Zünfte hineingedrungen ist: was hat er nicht geändert und zerstört. Herkommen, sinnloses Vorurtheil, Vatersitte wie ein Joch vom Halse geworfen; in unsre Gerichtsschranken, statt kleiner, staubichter, detaillirter Käuntniße, welch schönes, leichtes, freies Urtheil, welche Klugheit und Besonnenheit gebracht! In Staatswirthschaft und Regierungskunde statt mühsam erlangter Käuntniße welchen Adlersblick, welche Ansicht der Bedürfnisse des Landes wie auf einer Landcharte und philosophischen Tabelle oder dem Einmal Eins einer Analyse nach der schönsten Systematischen Weise geworden. So Künste, Handwerke und beinahe die kleinsten Taglöhnereien; sie sind ein abregé raisonné ihrer ehemaligen Mühe, Genauigkeit und Ordnung. So hat sich die Welt erleichtert und verbessert.

6.

„Es war eine Zeit (S. 513₁₁₁) — wie sie ist. (S. 543₁₁₃)"

a: Indeßen geht einmal der Zug unsres Jahrhunderts auf die Seite und weder unsre Erziehung im einzeln, noch die Erziehung Eines Ganzen scheint andre Mittel kennen zu wollen, als Unterweisung, Aufklärung, gut-

Regeln und Gesetze. Als wenn alle das Neigungen ändern und bilden könnte! oder wenigstens so allein und kalt genommen, sie bilden könnte! und nicht hundert andre verachtetere Mittel, Gewohnheiten, Gebräuche, Same zu neuen Vorurtheilen, Gelegenheiten zu neuen Übungen u. dgl. hundertmal mehr thäte. Aber das ist zu mühsam und langsam! — Nun so fahrt denn über das große Geschäfte, Menschheit zu bilden, jenes so Göttliche, stille, verborgne Werk, wie alle Göttliche Werke, fahrt darüber Postschnell hin! Macht ein Lehrbuch der Erziehung! einen Codex der Gesetze und pfropft Alles dahinein, was ihr nur Schönes denkt und finden könnt! Laßt drucken und auswendig lernen und — vergessen werden. Die Welt wird bleiben, wie sie ist — und was wäre Euch auch nur die innere Verbesserung derselben an Sitten, Neigungen, Glückseligkeit im geringsten zu thun? Ihr strebt dem Strom des Jahrhunderts nach, wollt einige äußere Zwecke und — wenigstens den glänzendsten und schlechtsten von allen — Eitelkeit. Ihr seid Philosophen in Erziehung und Gesetzgebung, Aufklärer und Verbesserer des Menschlichen Geschlechts nach dem Wahne des Jahrhunderts — was wollt ihr mehr? (vergl. S. 515.)

7.

a schließt: Und wenn einst ein Standpunkt würde, das Ganze dieser Revolutionen unsres Geschlechts zu übersehen — was der Sauerteig, der so lange und so unschmackhaft gährte, endlich für einen Wohlgeschmack hervorbrachte — wohin die Kette zwischen Völkern und Erdstrichen, die erst so langsam fortging und sich nachher mit so vielen Gräueln und Unterdrückungen um mehrere Völker und Welttheile weiter schlang, wohin sie reichet, und was für Zwecke sie beförderet — was es einst für eine Ernte sey, die vielartigen Samenkörner von Neigungen, Kräften und Schicksalen, die unter die Nationen gestreuet wurden, langsam keimten, sehr verschiedenartig blühten, alle aber Eine schöne Frucht geben — welche schöne Auflösung wirds des großen Problems seyn „was haben zu allen Zeiten für Neigungen unter den Menschen geherrscht, wohin, und auf welchen Wegen haben sie sich verändert" — eine Auflösung, die in der Weite hier und jetzt noch über die Kräfte Menschlicher Untersuchung ging, und zu der ich vielleicht nur die erste Sylbe gestammlet habe.

8.

Als Herder seine Schrift „Auch eine Philosophie" gedruckt erhielt, fand er sie (an Hartknoch 18. 6. 1774) „voll so garstiger Druckfehler, daß diese ... praelaminis loco dastehn müssen, sonst kann man gar nicht lesen." Es wurde also den bereits fertigen Exemplaren beigegeben folgende

Vorrede.

Zur Vorrede wird der verzeihende Leser ersucht, folgende insonderheit mit einem † bezeichnete Druckfehler zuförderst zu ändern oder ändern zu lassen: ehe er das Buch lieset; weil sonst die Lektüre hie und da unmöglich oder lächerlich werden müßte. Die kleinern Fehler, die sich von selbst bemerken und ändern, wird er selbst nach Belieben übersehen oder bessern.

(Folgen 32 Druckfehler, darunter 18 mit †; vgl. den Vorbericht.)

Bei übrigen Fehlern, die etwa in der Interpunktion liegen, denke der Leser: mos *vulgo* fortuita trahere ad culpam.